Johann Gottfried von Herder

Zerstreute Blätter

Johann Gottfried von Herder
Zerstreute Blätter
ISBN/EAN: 9783743450790
Hergestellt in Europa, USA, Kanada, Australien, Japan
Cover: Foto ©ninafisch / pixelio.de

Manufactured and distributed by brebook publishing software (www.brebook.com)

Johann Gottfried von Herder

Zerstreute Blätter

Zerstreute Blätter

von

J. G. Herder.

Dritte Sammlung.

Zweite Auflage.

Gotha 1798.
bey Carl Wilhelm Ettinger.

„Sage mir, spricht Sokrates zu seinem geliebten Phädrus, wird ein verständiger Landmann wohl den Samen, der ihm werth ist und von dem er Früchte wünscht, mitten im Sommer in die Gärten des Adonis streuen und sich durch die Freude belohnt achten, wenn er ihn nach acht Tagen in schönem Grün siehet? Oder wenn er dies thut, wird er es nicht blos des Spiels und Festes wegen thun? da hingegen er seine eigentliche Saat nach aller Kunst des Ackerbaues in den Boden bringen wird, der für sie gehöret; zufrieden, wenn er nur in acht Monaten die Frucht seines Gesäeten erndtet.

Phädrus. Allerdings, Sokrates, wird es ihm, im letzten Fall ein Ernst, im ersten ein Festgebrauch oder ein Spiel seyn, wie du sagest.

Sokrates. Sollte nun Der, der die Wissenschaft des Gerechten, Guten und Schönen hat, mit seinem Saamen nicht so klug umzugehen wissen, als der Landmann mit dem Seinigen?

Phädrus. Nicht anders.

Sokrates. Er wird also nicht in vollem Ernst seinen besten Samen mit schwarzer Tinte durch die Feder in Worten ausfäen, da er diesen weiterhin mit seinem lebendigen Wort nicht beistehen und die Wahrheit in ihnen niemanden eindringend machen kann.

Phädrus. Wahrscheinlich nicht.

Sokrates. Gewiß nicht. Aber Gärten des Adonis wird er auch in Buchstaben, wie es anständig ist, der Uebung wegen pflanzen, und da er durch das, was er schreibt, sowohl für sich als für jeden, der Einerlei Pfad mit ihm gehet, einen Schatz der Erinnerung wider die Vergessenheit des künftigen Alters sammlet, so wird er sich freuen, wenn er seine Pflanzungen zart hervorsprossen siehet. Wenn andre an andern Spielen sich ergötzen, wenn sie sich in Schmausereien und ähnliche

Vergnügungen tauchen: so wird Er, statt dieser aller, mit Spielen, die ich eben genannt habe, sein Leben hinbringen —

Phädrus. Ein schönes Spiel, o Sokrates, vor allen andern Spielen, wenn jemand durch Worte sich die Zeit zu kürzen vermag, indem er über Gerechtigkeit, Güte und Schönheit Einkleidungen dichtet.

Sokrates. Gewiß, mein lieber Phädrus, dem ist also. Noch schöner aber, dünkt mich, wird dieser Fleiß, wenn jemand durch die Kunst der Rede den Samen der Worte mit Verstand in den guten Boden einer Seele säet und pflanzet, die ihm zur Hand ist. Da kann denn dieser Same sowohl sich selbst als dem Säenden aufhelfen, und ist nicht ohne Frucht: denn auch Er hat Samen in sich. Aus Seelen in Seelen gepflanzt, sind Worte geschickt, unsterbliche Frucht zu tragen, und den, der sie besitzt, glücklich zu machen, sofern dies ein Sterblicher seyn kann."

* * *

So dachte Plato, und ich wünschte diesen zerstreuten Blättern, daß sie nicht ganz als eine Saat am Feste des Adonis mit ihrem Sommer ersterben, sondern auch hie und da als die ernste Pflanzung eines armen Landmannes angesehen werden möchten. Der Verfasser derselben kann zwar seinen ausgesäeten Worten nicht nachhelfen: er streuet sie hin, wohin sie der Wind führte; indeß verläßet er sich darauf, daß sie, Einmal in die weite

Welt gesäet, wenigstens hie und da den Boden finden werden, von welchem Sokrates redet, und so wünschet er jedem Körnchen seinen Platz.

Das erste Stück dieser Sammlung heißt Bilder und Träume; und ich hätte ihm gern einen noch bescheidnern Namen geben mögen, wenn ich einen solchen gewußt hätte. Es sind Jugendbilder und Jugendträume, die, so wenig sie Gedichte seyn mögen, ihrem Verfasser den Namen eines Dichters zu erwerben auch ganz und gar nicht im Sinne haben. Sie wurden nicht zum Druck geschrieben, sind zum Theil zwanzig Jahre alt, dazu sehr nach der alten Weise, d. i. äußerst simpel. Von Jugend auf dünkte es mich, daß sich die Prose viel mehrern Schmuck des Wort = und Periodenbaues erlauben dürfe, als die Poesie; der Schmuck der letzten sei hohe Einfalt und eine äußerst wahre, tief = eingreifende Bildung der Gedanken, d. i. Dichtung. Ich bitte also auch diese Kleinigkeiten nicht als Kunstwerke höherer Art, sondern als alte Verse oder gar als Prose zu lesen. Es wäre mir lieb, wenn einige darunter der Musik angemessen wären: denn durch die Kunst der Töne wird eine abgemessene Sprache dieser Gattung erst lebendig. Auf den Wellen der Musik fortgetragen, träumen wir lebhafter und sanfter.

Das zweite Stück ist eine Abhandlung über Bild, Dichtung und Fabel. Die

Materialien derselben sind gleichfalls ziemlich alt: denn die Gedanken z. B. über die äsopische Fabel sollten schon im zweiten Theil der **Fragmente über die neuere Deutsche Literatur,** d. i. im Jahr 1767. erscheinen. Damals war diese Materie neu; und sie kann es noch seyn, da seit **Leßing** die Theorie der Fabel, so viel ich weiß, nicht weiter fortgeführt worden. Die nach ihm kamen, sind ihm entweder gefolgt; oder sie verließen ihn, ohne die Sache aufs Reine bringen zu wollen. So z. B. ist Sulzer in seinem Wörterbuch, was diesen Artikel betrift, den Schweizer-Kunstrichtern nachgegangen, ohne auf Leßings Einwendungen Rücksicht zu nehmen: andre haben **Leßing** getadelt, ohne der Theorie selbst ins Klare zu helfen; und doch ist für einen denkenden Geist nichts schöner, als eine reine Theorie, worüber es auch seyn möge. Es würde mich freuen, wenn ich diese befördert hätte; wer aber darüber urtheilen will, muß den Stand der Sache kennen, das ist, er muß außer den alten, auch die Schriften der Französischen und Deutschen Theoristen, insonderheit Breitingers, Bodmers, Leßings über diese Materie gelesen haben. Ein neugebohrnes Kind mag sprechen, worüber es will; nur über Sachen, die eine Geschichte menschlicher Gedanken voraussetzen, sollte es nicht absprechen wollen und absprechen dürfen. Der Abschnitt über die Dichtung ist seit der Zeit in einigen Heynischen Aufsätzen durch Belege der schönsten, d. i. der griechischen Mythologie sehr glücklich erläutert worden; daher bin ich in ihm nur kurz gewesen.

Das dritte Stück enthält **Dichtungen aus der morgenländischen Sage,** und über sie vorzüglich muß ich mich näher erklären. Ich bin zu ihnen gekommen, auf Wegen wo ich so etwas nicht suchte; meistentheils nämlich im Studium morgenländischer Sprachen, Sagen und Commentare. Hier war mir oft ein Bild, ein Gleichniß, eine Dichtung, das was jenem müden Propheten der Wachholderbaum in der Wüste war; an sich eine arme Geniste, die ihm indeß Schatten gab und ihn stärkte. Oder ohne Bild zu reben, ich traf in den Sagen des Morgenlandes, so ungereimt sie manchmal schienen, oft so dichterische Ideen an, die um eine bessere Ausbildung gleichsam fleheten, daß es mir schwer ward, sie nicht auszuzeichnen und in müßigen Minuten nach meiner Weise zu gestalten. Niemand also vermische diese Dichtungen mit den Erzählungen der Bibel; sie sind völlige Apokryphen, entweder alte Sagen mehrerer morgenländischen Völker, oder wenigstens aus Samenkörnern dieser Art entsproßene Gewächse. In ihrer Ausbildung gehören die meisten mir völlig zu; wenige nur sind, wie sie dastehen, ganz in der Tradition gegeben. *) Alle andre aber stützen sich

*) Z. B. die Kindheit Abrahams S. 239. Joseph und Zulika S. 251. der Wanderstab des Propheten S. 291. u. a.

ebenfalls, wie jeder Belesene es wissen wird, auf Sagen; und je mehr sie sich auf solche stützen, je ächter sie den Geist des Morgenlandes, der in solchen herrscht, auch in dieser Nachbildung hauchen, desto mehr erreichen sie ihre Wirkung. Man hört in ihnen sodann ein fortgesetztes Mährchen seiner Kindheit: die Dichtung schlingt sich an das, was man von Jugend auf lernte, indem sie den Schatten und Umriß berühmter Gegenden und Namen gleichsam nur ausmalet. Kind muß man also auch werden, wenn man diese Dichtungen, als morgenländische Fabeln oder Jdyllen, lieset; und da einige derselben bereits im Teutschen Merkur 1781. den Beifall von Personen erhalten haben, deren zwei oder drei mir statt Vieler sind; so bin ich über die jetzt hinzu gekommenen wenig verlegen. Sie sind aus eben denselben Quellen geschöpft und athmen den Geist Einer und derselben Weltgegend. Einige andre Stücke, die in eigentlicherem Verstande Fabeln oder Parabeln sind, erwarten eine leere Stelle in einem der folgenden Theile.

Das vierte Stück dieses Bandes ist eine **Muthmaaßung über die prächtigen Alterthümer von Persepolis**, der ich Beifall oder Berichtigung wünsche. Da die Eine Vorstellung, die ich hier zu enträthseln gewagt habe, auf mehreren Grabmählern wiederkommt und also offenbar ein angenommenes Bild der Perser-Mythologie gewesen: so wird sie mir Gelegenheit geben, im nächsten Theil von den **Gräbern der Könige** zu reden und einige andre Denkmale der alten Welt, (wenigstens wünsche ich) dies) zu erläutern.

Lebe also wohl, dritte Sammlung, und empfiehl dich deinen Lesern, so gut du kannst.

Weimar den 28. Aug. 1787.

Nachschrift
zur zweiten Auflage.

So schrieb ich im Jahr 1787. Da die Veränderungen und Verbesserungen, die ich insonderheit der ersten und dritten Abtheilung dieser Blättersammlung dienlich erachtet, sich selbst empfehlen müssen und mögen: so bleibt mir zum letzten, dem vierten Stück, Persepolis, nur eine Anzeige zu thun nöthig.

Der Knäuel der Ideen nämlich, den ich hier angesponnen, im nächsten Theil zu entwickeln gedachte, wuchs mir dergestalt unter den Händen, daß er für einen Winkel dieser Blätter außer Stelle und Ort schien. Seine freie Entwickelung nach mehreren Seiten wird also in einer eignen Sammlung Persepolitanischer Briefe folgen.

Nur den kleinen Kranz von Niebuhrs durch meine Muthmaaßung veranlaßten berichtigenden Aufsatz konnte ich meiner Persepolis nicht versagen, da er zu ihr gehöret. Ich verkürzte sie also, und ließ den sprechen, der diese prächtigen Trümmern selbst sah.

Weimar, den 12. April 1798.

Inhalt

I. **Bilder und Träume**
Träume der Jugend 3
Die Dämmerung 5
Das Kind der Sorge 7
Die Erinnerung 10
Die Lerche 12

Das Flüchtigste . . . . S. 15
Flora und die Blumen. . . . 18
Die Kunst. 20
Lilie und Rose. 23
Der Neid. 24
Der Regenbogen. 25
Der Mensch und sein Schatte. . . 27
Der verschiedene Gesang. . . . 29
Die Feldheimen. 32
Die Perle. 36
Liebe und Gegenliebe. . . . 38
An die Freundschaft. . . . 41
Das Saitenspiel. 43
Der Nachhall der Freundschaft. . . 47
Liebe und Freude. 51
Verachtete Liebe. 53
Der Gewinn des Lebens. . . . 54
Lied des Lebens. 57

Der Himmel. . . . . . . S. 59
Die Mechanik des Herzens. . . : 60
Der Mond. 61
Der Nachruhm 62
Das Glück. 65
An den Schlaf. 68
Die Wassernymphe. 71
Die Raupe und der Schmetterling. . 74
Die Natur. 75
Der Säugling. 80
Die Schwestern des Schicksals. . 85

II. Ueber Bild, Dichtung und Fabel. 87

Ueber Bild. 93
Ueber Dichtung. 105
Ueber die äsopische Fabel. . . 124
Anhang. 174

III. Blätter der Vorzeit. S. 191
 Erste Sammlung. 193
Die Blätter der Vorzeit. 195
Licht und Liebe. 198
Sonne und Mond. 200
Das Kind der Barmherzigkeit. 203
Die Gestalt des Menschen. 205
Der Weinstock. 208
Die Bäume des Paradieses. 211
Lilis und Eva. 214
Sammaël. 217
Der Vogel unsterblicher Wahrheit. 220
Der himmlische Schäfer. 223
Adams Tod. 226
 Zweite Sammlung. 229
Der Schwan des Paradieses. 231
Der Rabe Noah's. 235
Die Taube Noah's. 237

Abrahams Kindheit. S. 239
Die Stimme der Thränen. 244
Das Grab der Rahel. 247
Joseph und Zulika. 251
Der Streit der heiligen Berge. 253
Die Warte des Gesetzes. 255
Die Bürgschaft des Menschengeschlechts. 259
Aarons Entkleidung. 261
Der Tod Moses. 264

Dritte Sammlung. 267

Die Opfertaube. 269
Die Gesänge der Nacht. 272
Die Morgenröthe. 276
Der Psalmensänger. 278
David und Jonathan. 280
Der Jüngling Salomo. 283
Salomo im Alter. 285
Elias. 288

XXIV.

Der Wunderstab des Propheten.   S. 291
Der Thron der Herrlichkeit.   :   :   294
Das heilige Feuer.   :   :   :   :   297
Die Sterne.   :   :   :   :   :   300
IV. Persepolis, eine Muthmaaßung.   301
Persepolis, von C. Niebuhr.   :   350

I.

Bilder und Träume.

Träume der Jugend.

Fliegt, ihr meiner Jugend Träume,
    Flattert, leichtbeschwingte Reime,
In mein frohes Jugendland;
Wo ich unter dichten Bäumen
In der Muße selgen Träumen
Wahrheit suchte, Bilder fand.

    Gleich den bunten Schmetterlingen
Schlüpften mir auf leichten Schwingen
Manche, manche längst vorbei:
Andre sind mir treu geblieben,
Und so bleib' ich euch, ihr Lieben,
Auch mit Herz und Seele treu.

Bilder und Träume.

Ach, in deinen Schoos versunken,
Sind die Welten, die ich trunken
In dir sahe, Silbersee.
Schlummert sanft! denn auch in jenen
Luftgefärbten hellen Scenen
Winket mir der Wahrheit Höh.

Flieht, ihr meiner Jugend Träume,
Flattert, leichtbeschwingte Reime,
In die Hand der Jugendzeit.
Träume sind wir, denen Schatten
Sich mit Licht und Wahrheit gatten,
Und die auch der Traum erfreut.

Die Dämmerung.

Der Aether und die Liebe war
Das ältste hohe Götterpaar;
Sie zeugten die Unsterblichen,
Den Himmel und die Seligen.

Und tiefer in der Wolken Reich
Ward ihr Geschlecht der Wolke gleich;
Sie, ewigschön und ewigjung,
Erzeugten uns die Dämmerung.

Aus Licht und Schatten webten sie
Der Menschen täuschend Daseyn hie;
Nur Dämmerung ist unser Blick,
Nur Dämmerung ist unser Glück.

Der Jugend holdes Morgenroth
Verbirget, was der Tag uns droht;
Der Blume schwülen Mittag kühlt
Ein Zephyr, der am Abend spielt.

Und Ohr und Auge täuscht sich gern;
Das Herz, es pochet in die Fern',
Und wünscht und hat und glaubets kaum:
Denn auch sein schönstes Glück ist Traum.

Die Hoffnung, ewigschön und jung,
Ist uns ein Kind der Dämmerung;
Auch ihre Schwester, Sehnsucht, liebt
Den Schleier, der die Lieb' umgiebt.

Ich dank' euch, die ihr um mich schwebt,
Daß ihr die Hülle mir gewebt;
Doch Lieb' und Aether, leiht, o leiht
Mir einst ein heller Pilgerkleid.

Das Kind der Sorge.

Einst saß am murmelnden Strome
Die Sorge nieder und sann:
Da bildet' im Traum der Gedanken
Ihr Finger ein leimernes Bild.

„Was hast du, sinnende Göttinn?"
Spricht Zevs, der eben ihr naht.
„Ein Bild von Thone gebildet,
Beleb's, ich bitte dich, Gott."

„Wohlan dann! Lebe! — Es lebet!
Und mein sei dieses Geschöpf!" —
Dagegen redet die Sorge:
„Nein, laß es, laß es mir, Herr."

„Mein Finger hat es gebildet" —)
„Und ich gab Leben dem Thon,,
Sprach Jupiter. Als sie so sprachen,
Da trat auch Tellus *) hinan.

„Mein iste! Sie hat mir genommen
Von meinem Schooße das Kind."
„Wohlan, sprach Jupiter, wartet,
Dort kommt ein Entscheider, Saturn." **)

Saturn sprach: „Habet es alle!
So wills das hohe Geschick.
Du, der das Leben ihm schenkte,
Nimm, wenn es stirbet, den Geist,

*) Die Erde.   **) Die Zeit.

Du, Tellus, seine Gebeine:
Denn mehr gehöret dir nicht.
Dir, seiner Mutter, o Sorge,
Wird es im Leben geschenkt.

Du wirst, so lang' es nur athmet,
Es nie verlassen, dein Kind.
Dir ähnlich wird es von Tage
Zu Tage sich mühen ins Grab."

Des Schicksals Spruch ist erfüllet
Und Mensch heißt dieses Geschöpf.
Im Leben gehört es der Sorge:
Der Erd' im Sterben und Gott.

Die Erinnerung.
Nach dem Spanischen.

Gute Zeiten, selge Stunden,
Sagt, wo seyd ihr hingeschwunden?
Und zum Unglück oder Glück
Blieb mir euer Bild zurück?

„Hin zu neuer Jugend Stunden
Sind wir leise hingeschwunden;
Und zur Labung und zum Glück
Blieb dir unser Bild zurück."

Euer Bild? — Wie ungenossen
Sind der Tage viel verflossen!
Trübe kommt dem matten Blick
Reue oft statt Trost zurück.

Bilder und Träume.

„Auch der Reue süße Schmerzen
Sind ein Balsam kranker Herzen.
Neuer Muth ist Lebensglück,
Schaue vor dich, nicht zurück." —

Vor mich? Sieh' auf jenem Hügel
In der Abendröthe Spiegel
Seh ich eine Urne stehn;
Darf ich, darf ich zu ihr gehn?"

„Geh hinan! Die goldnen Stunden
Haben kränzend sie umwunden.
Lies die Inschrift." Glänzend schön!
„Auch hier ist Arkadien."

Die Lerche.

Gegrüßet seist du, du Himmelsschwinge,
Des Frühlings Bote, du Liederfreundinn,
Sei mir gegrüßet, geliebte Lerche,
Die beides lehret, Gesang und Leben.

Der Morgenröthe, des Fleißes Freundinn,
Erweckst du Felder, belebst du Hirten;
Sie treiben munter den Schlaf vom Auge:
Denn ihnen singet die frühe Lerche.

Du stärkst dem Landmann die Hand am
    Pfluge,
Und giebst den Ton ihm zum Morgenliede.
„Wach auf und singe, mein Herz voll Freude,
Wach auf und singe, mein Herz voll Dankes."

Und alle Schöpfung, die Braut der Sonne,
Erwacht verjünget vom langen Schlafe,
Die starren Bäume, sie hören wundernd
Gesang von oben und grünen wieder.

Die Zweige sprießen, die Blätter keimen,
Das Laub entschlüpfet und horcht dem Liede.
Die Vögel girren im jungen Neste,
Sie üben zweifelnd die alten Stimmen.

Denn du ermunterst sie, kühne Lerche,
Beim ersten Blicke des jungen Frühlings,
Hoch über Beifall und Neid erhoben,
Dem Aug' entflogen, doch stets im Ohre,

Inbrünstig schwingst du dich auf zum Himmel
Und schlüpfst bescheiden zur Erde nieder.
Demüthig nistest du tief am Boden
Und steigst frohlockend zum Himmel wieder.

Drum gab, o fromme, bescheidne Lerche,
Du über Beifall und Stolz erhobne,
Du muntre Freundinn des frühen Fleißes,
Drum gab der Himmel dir auch zum Lohne,

Die unermüdlich = beherzte Stimme,
Den Ton der Freude, den langen Frühling.
Selbst Philomele, die Liedergöttinn,
Muß deinem langen Gesange weichen.

Denn ach! der Liebe, der Sehnsucht Klagen
In Philomelens Gesang ersterben;
Das Lied der Andacht, der Ton der Freude,
Das Lied des Fleißes hat langen Frühling.

Das Flüchtigste.

Tadle nicht der Nachtigallen
Bald verhallend-süßes Lied;
Sieh, wie unter allen, allen
Lebensfreuden, die entfallen,
Stets zuerst die Schönste flieht.

Sieh, wie dort im Tanz der Horen
Lenz und Morgen schnell entweicht;
Wie die Rose, mit Auroren
Jetzt im Silberthau gebohren,
Jetzt Auroren gleich erbleicht.

Höre, wie im Chor der Triebe
Bald der zarte Ton verklingt.
Sanftes Mitleid, Wahn der Liebe,
Ach, daß er uns ewig bliebe!
Aber ach, sein Zauber sinkt.

Bilder und Träume.

Und die Frische dieser Wangen,
Deines Herzens rege Gluth,
Und die ahnenden Verlangen,
Die am Wink der Hoffnung hangen;
Ach ein fliehend, fliehend Gut!

Selbst die Blüthe deines Strebens,
Aller Musen schönste Gunst,
Jede höchste Kunst des Lebens,
Freund, du fesselst sie vergebens;
Sie entschlüpft, die Zauberkunst.

Aus dem Meer der Götterfreuden
Ward ein Tropfe uns geschenkt,
Ward gemischt mit manchem Leiden,
Leerer Ahnung, falschen Freuden,
Ward im Nebelmeer ertränkt;

Aber auch im Nebelmeere
Ist der Tropfe Seligkeit;
Einen Augenblick ihn trinken,
Rein ihn trinken und versinken,
Ist Genuß der Ewigkeit.

Flora und die Blumen.

„Kinderchen des holden süssen Frühlings,
Hört, o hört der Mutter treue Warnung,
Wenn ein lauter Winterwest euch heuchelt,
Trauet nicht dem heuchelnd = bösen Mörder.

Wartet, bis der goldne Vater rufet,
Bis die treue Mutter euch erscheinet,
Die euch weckt aus euren Winterbetten
Und euch Kleider bringt und schöne Häubchen."

Also sprach zu ihren Blumenkindern
Flora scheidend und ging auf zum Himmel.
Alle Blumen sagten ihr Gehorsam
Und Geduld zu, bis sie wiederkäme.

Bilder und Träume.

Als sie kam; der goldne Vater Frühling
Rief die Kinder aus dem Winterschlafe,
Und die Mutter brachte schöne Kleider,
Lief umher und sucht' und zählet' alle.

Ach, da fand sie manche schöne Knospe
Früh hervorgelockt vom bösen Mörder.
Ausgetreten war sie aus der Zelle,
Hatt' hervorgeblickt mit ihren Aeuglein;

Und war bald erstarret, von des bösen
Heuchelnden Verführers Hauch vergiftet:
Denn der Winterwest war Frost geworden
Und erstarret stand das arme Blümchen.

Traurig rief die Mutter ihrem Zephyr,
Der es brach; und sie begrub es traurig.
Seht!, die ungeduldig = frühe Blume
Prangt nun nimmer mehr im Lenz der Flora.

Die Kunst.

Aus der Schaar der Götterfreuden
Stahl die jüngste Freude sich:
Und der Fleiß, ein Sohn der Leiden,
Nahte zu ihr jugendlich.
Unschuld war in ihren Mienen,
Treue war in seinem Blick:
Und die Liebe zwischen ihnen
Stiftete der Beiden Glück.

„Ich ermatte, sprach die Schöne,
Gib mir deine sichre Hand."
„Nimm sie, sprach er, Eintracht kröne
Unser Beider treues Band."
Also wohnten sie im Schatten,
Unter aller Götter Gunst;
Und das Kind, das Beide hatten,
War ein schönes Kind, die Kunst.

Bilder und Träume.

Von der Mutter lebte Fülle,
Götterfüll' in ihrer Brust;
Und der Vater gab ihr Stille,
Fleiß und Emsigkeit zur Lust.
Sorgsam hat er sie erzogen,
Zärtlich hat sie sie gesäugt,
Götter waren ihr gewogen,
Menschen waren ihr geneigt.

Aber als sie zu vermählen
Nun die frohe Zeit erschien;
Wer der Götter wird sie wählen?
Wem der Menschen wird sie blühn?
Zwischen Erd' und Himmel schwebet
Sie der Einsamkeit geweiht:
Denn der Mutter Gottheit lebet
In des Vaters Sterblichkeit.

Die Verlohrne zu beglücken
Schaute Jupiter hinab.
„Unsern Himmel soll sie schmücken,
Sie, die nur der Himmel gab.
Aus dem Chor der Götterjugend
Wäre Thalia verbannt?
Unschuld und du, frohe Tugend,
Holet sie in unser Land."

Unschuld und die Tugend stiegen
In der Schwester Einsamkeit;
Und aus ihrer beider Zügen
Schuf sie selbst sich Göttlichkeit.
Unabtrennlich stets von beiden
Ward sie wie die Anmuth schön,
Und im Chor der Götterfreuden
Tanzen jetzt drei Grazien.

Lilie und Rose.

Lilie der Unschuld, und der Liebe Rose,
Wie zwo schöne Schwestern, steht ihr bei
einander:
Beide wie verschieden!

Du der Unschuld Blume, bist dir selbst
die Krone:
Ohne Schmuck der Blätter, auf dem nackten
Zweige,
Schützest du dich selber.

Du von Amors Blute tief durchdrungne
Rose,
Du von seinen Pfeilen vielgetroffner Busen,
Brauchest um dich Dornen.

Der Neid.

Neide nicht, o junges Mädchen,
Deiner Schwester Lieblichkeit.
Ahme nicht mit heissem Eifer
Nach, was die Natur verbeut.

Eine Blume, noch im Werden,
Sah die Lilje vor sich stehn
Und vergessend ihrer selber:
(Denn auch sie war hold und schön;)

Neidet, zürnt sie, brennet ängstig
Lilje zu werden. Weh!
Was geschieht? Die arme Blume
Wird zu Feuerlilie.

Der Regenbogen.

Schönes Kind der Sonne,
Bunter Regenbogen,
Ueber schwarzen Wolken
Mir ein Bild der Hoffnung.

Tausend muntre Farben
Bricht der Stral der Sonne
In verhüllten Thränen
Ueber grauer Dämmrung.

Und des weiten Bogens
Veste Säulen stehen
Auf des Horizontes
Sichrem Felsenboden.

Weh! der Bogen schwindet!
Seine Farben blassen;
Von den festen Säulen
Glänzet noch ein Wölkchen.

Aber seht, der Himmel
Bläuet sich; die Sonne
Herrschet allgewaltig
Und die Auen duften.

Schwindet, holde Kinder
Schöner Jugendträume,
Schwindet! Nur die Sonne,
Steig' hinauf und walte.

Hoffnungen sind Farben,
Sind gebrochner Stralen
Und der Thränen Kinder;
Wahrheit ist die Sonne.

Der Mensch und sein Schatte.

„Sage, was hab' ich mit dir?
Du bist vor und hinter mir,
Oeder Schatte, schwarzer Geist,
Der mein Nichts mir immer weist."

„Tadelst du, o Freund, ein Bild,
Das dein Wesen dir enthüllt?
Ohne jenes Lichtes Bahn
Bist du Schatte um und an.

Steht die Sonne dort vor dir,
Schleich' ich hinter'm Rücken hier;
Wird sie dir im Rücken stehn,
Wird dein Schatte vor dir gehn.

„Deines Lebens Sonnenlicht
Ist Vernunft; die fliehe nicht.
Wird sie dir im Rücken stehn,
Wird dein Schatte vor dir gehn."

Der verschiedene Gesang.

Einst schlug mit wundersüßem Schall
Die Klagenreiche Nachtigall;
Ein muntrer Sperling hörte zu:
„O säng' ich, Nachtigall, wie du!
Doch warum soll mirs nicht gelingen?
Ich will auch lernen also singen."

Die Nachtigall spricht: „nun wohlan!
Es singe, wer da singen kann;
Denn nie war ich um Kunst bemüht:
Nur aus dem Herzen quillt mein Lied.
Nur meiner Liebe zarte Klagen
Und tiefe Seufzer will ich sagen."

„Wenn Liebe den Gesang dir giebt,
Wer ist mehr als der Spatz verliebt?
Auch klagen kann ich.„ Was geschieht?
Der Sperling zirpt ein Klagelied,
Und seine Buhle war zufrieden;
Ihr war ein Sperlingsohr beschieden.

Nicht also wars die Nachtigall:
„Was quälest du den Wiederhall?
Sprach sie, o bleib' in deiner Art,
Die Meine laß mir aufgespart.
Du tändelst froh; ich singe Schmerz:
Wie der Gesang, so ist das Herz."

Die ihr der Sappho Töne wagt,
Hört, was die Nachtigall euch sagt.
Ein muntrer Spatz, der seufzen will,
O schwieg' er mit den Seufzern still!
Ein Lied voll Philomelens Schmerz
Erfordert Philomelens Herz.

Die Feldheimen.

Menschen waren einst, so lehret Plato,
Gute Menschen waren einst die Heimchen,
Die ihr Tagewerk mit Fleiße trieben,
Kinder zeugten und den Acker bauten.

Bis mit ihren zauberischen Tönen
Dreimal drei der Musen niederstiegen,
Und die Fluren mit Gesang erfüllten,
Und sogar die Vögel singen lehrten.

Ach, da standen sprachlos und entzücket
Unsre fleißig-guten Ackerseelen;
Und vergaßen ob der neuen Wohllust
Arbeit, Kinder, Speis' und Trank und Schlummer.

Bilder und Träume.

Offnen Ohres, offnen Mundes hingen
Am Gesange der Göttinnen alle,
Wurden Amateren, Virtuosen,
Famuli und Famulä der Musen.

Wenig Tage währete die Freude,
Und das Chor der horchenden Entzückten
Stand von Hunger, Durst und von Gesängen
Matt und welk und eingeschrumpft und sterbend

Und die Musen halfen ihren treuen
Märtyrern noch in den letzten Nöthen;
Süßen Todes führten sie die armen
Singend-sterbenden ins Land der Dichter;

Wo sie jetzt auf allen grünen Bäumen
Wie die Könige der Erde thronen,
Ohne Sorgen, ohne Müh und Arbeit,
Ohne Fleisch und Blut, den Göttern ähnlich.

Nun und nimmer drücket sie das Alter,
Nun und nimmer ängstet sie die Nahrung;
Trunken, von ein wenig Thaue trunken
Singen sie gehört und ungehöret.

Wie sie dann auch, also lehret Plato,
Ihren Musen treue Nachricht bringen,
Was hier dieser Knabe, jener Schäfer
Singt und sang und künftig singen werde.

* * *

Ach, ihr süßen Landverwüsterinnen,
Steiget noch einmal vom Himmel nieder,
Holde Musen, steigt herab und hemmet
Eurer ewgen Lieder ewge Wirkung.

Seht die Schaar der horchenden Entzückten,
Myriaden Sänger, Virtuosen,
Kunstliebhaber, Musen-Nachrichtgeber,
Reisende Kundschafter, Deklamanten.

Seht, o sehet ihre Müh' und Arbeit,
Ihren Hunger, ihre heiße Sanglust,
Wandelt sie! — Jedoch wozu die Wandlung?
Sie sind jezt schon wie die Heimchen selig.

Die Perle.

Nimm, o Freundinn, dieser Perlen,
Dieser Silbertropfen Band,
Denn die Göttinn stiller Anmuth
Hat dir selbst sie zuerkannt.

Als sie aus des Meeres Wellen,
Wie ein Traum der Liebe stieg,
Kam demüthig eine Muschel,
Die sie trug und sittsam schwieg.

Wellen hüpften um die Göttinn,
Weste buhlten um sie her;
Aber die gefällig=gute
Dienerinn gefiel ihr mehr.

„Womit soll ich dich belohnen?"
Sprach sie, und vom Silber-Glanz
Ihrer Glieder schwamm die Muschel
Silbern schon im Wellentanz.

„Nimm den Tropfen meines Haares,
Künftig nur der Unschuld Schmuck."
Und der Tropfen ward zur Perle
In der Muschel, die sie trug.

Ewig jetzt ein Schmuck der Unschuld,
Stiller Anmuth selbst ein Bild,
Ohne Gaukelei der Farben
In bescheidnen Reiz gehüllt,

Sehnet sie sich aus der Krone
Des Monarchen in das Band,
Das der Unschuld Haar umschlinget,
Einer Göttinn Haar entwandt.

Liebe und Gegenliebe.

Als einst die Mutter der Anmuth
Den Knaben Amor gebar,
Bekränzt' er, ein einziges Söhnchen,
Mit Rosen sein lockiges Haar.

Er schuf nur Quaalen den Herzen;
Die zarte, süßere Pflicht,
Mit Liebe Liebe zu lohnen,
Die kannte der Flüchtige nicht.

Und manche beleidigte Göttinn
Und mancher beleidigte Gott,
Sie zürnten alle dem Knaben
Und schufen ihm Flügel zum Spott.

Bis einst **Urania** selber
Ein schöneres Mittel ersann;
Sie ward zur Welle des Meeres
Und blickte den Lieblichen an.

Er sieht im Meere sein Bildniß,
Und wird von Liebe beseelt;
Und fühlt nun selber die Schmerzen,
Mit denen er andre gequält.

Umfangen will er das Wahnbild,
Ihm in der Welle so nah;
Und sieh! sein schönerer Bruder
Steht vor dem Liebenden da.

„Wer bist du?" spricht er verwirret.
„Du selbst, dein Bruder bin ich!
Laß uns versuchen im Kampfe;
Vielleicht besiegest du mich."

Und seitdem ringen die Beide
Der Liebe mächtigen Streit;
Wo Einer Herzen verwundet,
Ist nie der Andere weit.

Wo Liebe, schaffende Liebe
Hinschaut mit zauberndem Blick,
Kommt ihr vom Bilde des Anschauns
Die Gegenliebe zurück.

An die Freundschaft.

Nach dem Spanischen.

Heilge Freundschaft, die auf Engels-
   flügeln
Sich emporschwang zu den sel'gen Hügeln,
Unser Erdenland verließ
Und ging auf ins Väter-Paradies;

Wo sie noch aus guten Mutterhänden
Uns ihr Kind zuweilen her will senden,
Liebe, die auch irre geht
Und für Treue öfters Reu empfäht;

Bilder und Träume.

Holde Freundschaft, kehr', o kehre wieder,
Hand- und Herzen-bindend zu uns nieder!
Ohne dich ist alles leer,
Auch die Liebe selbst nicht Liebe mehr.

Wenn du Dich uns länger, länger raubest,
Und dein Bild, dem süßen Trug' erlaubest:
O so wird dein Menschenreich
Bald dem wüsten wilden Chaos gleich.

Das Saitenspiel.

Was singt in euch ihr Saiten?
Was tönt in eurem Schall?
Bist du es, Klagenreiche
Geliebte Nachtigall?
Die, als sie meinem Herzen
Wehklagete so zart,
Vielleicht im letzten Seufzer
Zum Silberlaute ward.

Was spricht in euch, ihr Saiten?
Was singt in eurem Schall?
Betrügst du mich, o Liebe,
Mit süßem Wiederhall?
Du Täuscherinn der Herzen,
Geliebter Lippen Tand,
Bist du vielleicht in Töne,
Du Flüchtige, verbannt?

Es spricht mit stärkrer Stimme,
Es dringet mir aus Herz,
Und weckt mit Zaubergriffen
Den längst-entschlafnen Schmerz.
Du bebst in mir, o Seele,
Wirst selbst ein Saitenspiel —
In welches Geistes Händen?
Mit zitterndem Gefühl.

Es schwebet aus den Saiten;
Es lispelt mir ins Ohr.
Der Geist der Harmonieen,
Der Weltgeist tritt hervor.
„Ich bin es, der die Wesen
In ihre Hülle zwang,
Und sie mit Zaubereien
Der Sympathie durchdrang.

Bilder und Träume.

In rauher Felsenhöle
Bin ich dir Wiederhall;
Im Ton der kleinen Kehle
Gesang der Nachtigall.
Ich bins, der in der Klage
Dein Herz zum Mitleid rührt,
Und in der Andacht Chören
Es auf zum Himmel führt.

Ich stimmete die Welten
In Einen Wunderklang;
Zu Seelen flossen Seelen,
Ein ewger Chorgesang.
Vom zarten Ton beweget,
Durchängstet sich dein Herz,
Und fühlt der Schmerzen Freude,
Der Freude süßen Schmerz." —

Verhall', o Stimm', ich höre
Der ganzen Schöpfung Lied,
Das Seelen fest an Seelen,
Zu Herzen Herzen zieht.
In Ein Gefühl verschlungen
Sind wir ein ewig All;
In Einen Ton verklungen
Der Gottheit Wiederhall.

Der Nachhall der Freundschaft.

Hoher Freundschaft Sympathieen singen
Tönet edel; in den Saiten klingen
Hehr und stolz die Laute Sympathie
Hoher Freundschaft; doch wo athmen sie?

Ach, sie schieden längst aus unsern Hütten,
Aus dem Taumel unsrer Affensitten,
Grämten sich zu Luft und wurden Schall
Und sind jetzt — was noch als Wiederhall?

Wiederhall, den jede Lipp' entweihet,
Wiederhall, auf Sopha's hingestreuet,
Sind der Sprache Spiel-Verlocken, sind
Unsrer schönen Kreise Fächerwind.

Sympathie, als einst mit süßen Schmerzen
Du den Säugling noch an Mutterherzen
Bandest, als er an der Tugend Brust
Leben trank, nicht sieche Lasterlust;

Als Du mit den Schwestern noch im Thale
Spieltest, und beym Heldenvater=Mahle
Jünglinge beseeltest, sich mit Muth
Dir zu weihen, dich in schönem Blut,

Sympathie, im Tode Dich zu singen
Sich auf Ruhmesflügeln aufzuschwingen,
Wo der Freund zu harren ihm verhieß,
Hinterm Grab' im Väterparadies.

Und, o Liebe, könntest Herzen binden,
In einander Ewigkeit zu finden,
Für einander sich mit edler Müh
Neu zu bilden, — Herzenssympathie,

Bilder und Träume.

Reingeläutert in Dir zu zerfließen,
Alles, Alles in Dir zu genießen,
Seel=enthüllet sich zu zeigen, sich
Wo der Blick verstummt, herzinniglich

 Dein zu nennen. — Auch die Thränen gießen
Balsam, wenn sie herzvereinet fließen;
Gram und Noth und Tod und Schicksal band
Seelen vester als der Diamant,

 Unsre Buhlerfessel. — Wilde Saiten,
Wohin irrt ihr? — Wohin euch begleiten
Nimmer kann der Zeiten Wahn; für Tand
Hat er, was ihr singet, längst erkannt,

 Mag auch seine Tempel nicht so höhnen,
Daß sie reiner Menschheit Würde tönen,
Der ja, reich gesättigt und geehrt,
Schwätzer sucht und Freunde nicht begehrt,

D

Nicht begehrt noch haben kann. In Oede
Rings umher verstimmt des Herzens Rede
Schweigt sein lauter Pulsschlag. Lüfteleer
Ist es um mich; da ertönt nicht mehr

Herzens Silberklang. In armen Hütten,
In der Urzeit letzten heilgen Sitten,
Da nur lebt die Echo **Sympathie**
Hoher Freundschaft; da nur lebet sie.

Sie, der Klang, o Freund, auch deiner
Saiten;
Aber laß sie immer ihn begleiten
Diesen süßen Wahnlaut, wenn sein Klang
Deiner Freundinn gutes Herz durchdrang.

Der ich hier in **Chirons** Felsenhöle
Meine Saiten Unmuthvoll beseele,
Wüßtest du, wenn jene Echo rief,
Wie umsonst ich oft schon nach ihr lief.

Liebe und Freude.

„Hüte Dich, sprach einst die Weisheit,
Du der Liebe schöner Sohn,
Und Du seine Schwester, Freude,
Weil euch beiden Uebel drohn.

Flieh', o Knabe, jene blinde
Schlaugesinnte Eifersucht;
Und du Mädchen, flieh den Reichthum,
Der, auch blind, dir immer flucht."

Also sprach die gute Weisheit;
Doch vergebens war ihr Wort.
Reichthum riß sobald die Freude,
Eifersucht den Amor fort.

Und seitdem sie zu Gesellen,
Zu Geliebten Die gewählt,
Wer ist, der die Uebel all:
Dieser Trugverbindung zählt?

Eifersucht betrog den Amor
Und gab Quaalen ihm zu Lohn,
Nahm ihm seine holden Augen,
Denen nie ein Herz entflohn.

In des blinden Reichthums Armen
Ward die Freud' ein blindes Glück;
Und an ihrem todten Bilde
Schärft sich ihres Mörders Blick —

So, daß Eifersucht und Reichthum
Jetzt allein scharfsehend sind —
Ist es Wunder? Die Betrognen
Amor und das Glück sind blind.)

Verachtete Liebe.

Nach dem Schöttischen.

Damon liebte Chloris; Chloris wider-
stand;
Doch da sie je länger, ihn je treuer fand,
Gab sie kalt und prächtig sich in seinen Arm;
Damons erste Liebe war so süß, so warm! —

Damons erste Liebe ward allmählich alt.
Am Eiskalten Herzen ward sein Herz ihm kalt.
Jetzt will Chloris buhlen. Zu grausamer Scherz!
Läßt es sich erbuhlen ein verschmähtes Herz?

Der Gewinn des Lebens.

Nach dem Englischen.

Am kühlen Bach, am luftgen Baum
Träum' ich nun meines Lebens Traum;
Und mag nicht wissen, ob die Welt,
Wie ich mir träume, sei bestellt:
Denn ach! ist der wohl mehr beglückt,
Der, daß sie nicht so sei, erblickt?

Ich ging einmal der Weisheit nach
Und hörte, was die Weisheit sprach.
Sie sprach so Viel: und Mancherlei,
Was einst die Welt gewesen sei
Und jetzt nicht ist und sehr verirrt
Wohl nimmer, nimmer werden wird.

Bilder und Träume.

Ich grämte mich und ging im Gram,
Als mir der Ruhm entgegen kam.
Dir, sprach er, Sohn, dir ist beschert,
Zu räumen weg, was dich beschwert.
Ich räumte, wollte vor mich sehn;
Allein die Felsen blieben stehn.

Ermattet, ohne Gram und Zorn
Sucht' ich nun Rosen unterm Dorn.
Die Rosen, ach! entfärbten sich
Und ihre Dornen stachen mich —
Zwei Knöspchen unter allen hier,
Lieb' und die Freundschaft, blieben mir.

Am kühlen Bach, am luftgen Baum
Träum' ich nun meines Lebens Traum.
Die beiden Knöspchen pfleg' ich mir
Und weihe sie, o Sonne, Dir!
Komm, kühler Bach, erquicke sie!
Komm, süßes Lüftchen, stärke sie!

Lied des Lebens.

Flüchtiger als Wind und Welle
Flieht die Zeit; was hält sie auf?
Sie genießen auf der Stelle,
Sie ergreifen schnell im Lauf;
Das, ihr Brüder, hält ihr Schweben,
Hält die Flucht der Tage ein.
Schneller Gang ist unser Leben,
Laßt uns Rosen auf ihn streun.

Rosen; denn die Tage sinken
In des Winters Nebelmeer.
Rosen; denn sie blühn und blinken
Links und rechts noch um uns her.
Rosen stehn auf jedem Zweige
Jeder schönen Jugendthat.
Wohl ihm, der bis auf die Neige
Rein gelebt sein Leben hat.

Tage, werdet uns zum Kranze,
Der des Greises Schlaf umzieht
Und um sie in frischem Glanze
Wie ein Traum der Jugend blüht.
Auch die dunkeln Blumen kühlen
Uns mit Ruhe, doppelt süß;
Und die lauten Lüfte spielen
Freundlich uns ins Paradies.

Der Himmel.

Dünste steigen auf und werden
In den Wolken Blitz und Donner
Oder Regentropfen.

Dünste steigen auf und werden
In dem Haupte Zorn und Unmuth
Oder werden Thränen.

Freund, bewahre deinen Himmel
Vor dem Dunst der Leidenschaften;
Deine Stirn sei Sonne.

Die Mechanik des Herzens.

Ihr Weise mit der Wissenschaft
Die Welten zu bewegen,
Gebt einem matten Herzen Kraft,
Ein Fünkchen neu Vermögen;
Ach einen Tropfen Lebenssaft
Sich jugendneu zu regen —
Ich laß' euch eure Wissenschaft
Die Welten zu bewegen.

Der Mond.

Und grämt dich, Edler, noch ein Wort
Der kleinen Neidgesellen?
Der hohe Mond, er leuchtet dort,
Und läßt die Hunde bellen
Und schweigt und wandelt ruhig fort,
Was Nacht ist, aufzuhellen.

Der Nachruhm.

Mich reizet nicht des Ruhmes Schall,
Der aus Posaunen tönt,
Den jeder leise Wiederhall
Im stillen Thal verhöhnt.
Ein Ruhm, der wie der Sturmwind braust,
Ist selbst ein Sturm, der bald versaust.

Mich reizet mehr der Silberton,
Der unbelauschet klingt,
Und meiner Muse schönsten Lohn,
Den Dank des Herzens singt,
Die Thräne, die dem Aug' entfließt
Und mich mit Bruderliebe grüßt.

Bilder und Träume.

Nicht allen gönnte die Natur
Das allgeprieſ'ne Glück,
Zu bilden auf des Schöpfers Spur
Ein ewges Meiſterſtück,
Das, ein Vollkommnes ſeiner Art,
Der Nachwelt ſtetes Muſter ward;

An dem, im Anblick noch entzückt,
Der ſpäte Schüler ſteht
Und in des Meiſters Seele blickt
Und ſtumm von dannen geht;
Indeß ſein Herz den ſeltnen Geiſt
Mit lautem Puls glückſelig preiſt.

Wir ſchwimmen in dem Strom der Zeit
Auf Welle Welle fort.
Das Meer der Allvergeſſenheit
Iſt unſer letzter Ort;
Genug, wenn Welle Welle trieb
Und ohne Namen Wirkung blieb.

Wenn dann auch in der Zeiten Bau
Mich bald ihr Schutt begräbt;
Und meine Kraft auf Gottes Au
In andern Blumen lebt
Und mein Gedanke mit zum Geist
Vollendender Gedanken fleußt.

Schön ists, von allen anerkannt,
Sich allgelobt zu sehn;
Doch schöner noch, auch ungenannt,
Wohlthätig fest zu stehn.
Verdienst ist meines Stolzes Neid
Und bei Verdienst Unsichtbarkeit.
So nennet Gottes Kreatur
Nur schweigend seinen Ruhm;
Sie blüht in wirkender Natur,
Ihr sselbst ein Eigenthum.
Der Schöpfer zeigt sich nicht, und kühn
Verkennt der Thor und läugnet ihn.

Das Glück.

Nicht knie ich vor der blinden Göttinn Wagen,
Die Kronen streuend dort mit schwarzen Rossen fährt;
Auch Jene, die ein Rad und leichte Flügel tragen,
Ist eines trauenden Gebets nicht werth.

Mein Glück sei Sie, die mit der Weißheit thronet,
Das Ruder thätiger Vernunft in ihrer Hand;
Sie, die dem stillen Fleiß, der mit sich selber wohnet,
Die Trefflichsten der Gaben zuerkannt.

Aus reichem Füllhorn schenket sie ihm
Früchte,
Die ihm sein eigener gesunder Muth gewährt:
Die schönste Perle blinkt auf seinem Angesichte,
Der Mühe Lohn; o mehr als Kronen werth.

Sie ists, die täglich ihm auch Blumen streuet,
Und seiner Kinder Schaar hüpft sammlend um
den Thron
Der Geberinn; er nimmt aus ihrer Hand er-
freuet
Der Blumen viel, zuletzt den sanften Mohn,

Der bringt ambrosisch ihm gesunden
Schlummer,
Den Schlummer, den das Rad der Rastlosen
nicht kennt.
Statt Perlen streuet Die oft Thränen; Neid und
Kummer
Sind von dem gelben Golde kaum getrennt.

Bilder und Träume.

O Schwester Du der Klugheit und der
Treue,
Du rückwärts schauende, *) mein Jugend-
Glück,
Ach, meine Zeit (du siehst, du siehst, wem ich
sie weihe;)
Mich selbst, o Gute, gieb mir nur zurück.

*) Fortuna respiciens.

An den Schlaf.

Erste Stimme.

Gott des Schlafes, Freund der Ruh,
Dessen dunkle Schwingen
Uns in Einem süßen Nu
Zu den Auen bringen,
Die ein schöner Licht erhellt,
Wo in einer andern Welt
Harmonieen klingen.

Freund der Menschen, holder Gott!
Unser halbes Leben
Ward, dem Ungemach zum Spott,
Deiner Hand gegeben.
Und sie herrscht im Reich der Ruh;
Purpurblumen lässest du
Auf uns niederschweben.

Bilder und Träume.

Zweite Stimme.

Schönbekränzter Jüngling, sei
Sei auch mir willkommen,
Der so oft dem Sklaven treu
Seine Last entnommen,
Der die Fessel ihm zerschlug
Und durch neuen süssen Trug
Sein Gemüth entglommen.

Unsrer Hoffnung Flügel hebt
Kühner sich in Träumen.
Du, der sie mit Muth belebt,
Warum willst du säumen?
Komm mit deiner süßen Macht,
Uns geleitend durch die Nacht
Zu den lichten Räumen,

Beide Stimmen.

Die, seit Psyche niedersank
Aus geliebten Auen,
Sie sich sehnt Aeonenlang
Wiederum zu schauen,
Wo in reinem süßen Ton —

Eine Stimme.

Augen sinkt! Ich höre schon
Harmonieen klingen.

Die Wassernymphe.

Flattre, flattr' um deine Quelle,
Kleine farbige Libelle,
Zarter Faden, leichtbeschwingt.
Flieg' auf deinen hellen Flügeln,
Auf der Sonne blauen Spiegeln,
Bis dein Flug auch niedersinkt.

Deine kürzsten Lebenstage,
Fern der Freude, frei von Plage,
Hast du, Gute, schon verlebt;
Als dich Wellen noch umflossen,
Als dich Hüllen noch umschlossen,
War ein Traum um dich gewebt.

Jetzt nach jenem Nymphenleben
Darfst du als Sylphide schweben,
Wieweit dich der Zephyr trug.
Und du eilst mit muntern Kräften
Nur zu fröhlichen Geschäften:
Deine Liebe selbst ist Flug.

Flattre, flattr' um deine Quelle,
Kleine sterbliche Libelle,
Um dein Grab und Mutterland.
Eben in dem frohsten Stande
Fliegst du an des Lebens Rande;
Ist das meine mehr als Rand?

Bilder und Träume.

Einst wie dir wird deinen Kleinen,
Auch die Sommersonne scheinen,
Gib der Quelle sie als Zoll.
Und erstirb; die matten Glieder
Seh ich, welken dir danieder:
Schöne Nymphe, lebe wohl.

Die Raupe und der Schmetterling.

Freund, der Unterschied der Erdendinge
Scheinet groß und ist so oft geringe;
Alter und Gestalt und Raum und Zeit
Sind ein Traumbild nur der Wirklichkeit.

Träg' und matt, auf abgezehrten Sträuchen
Sah ein Schmetterling die Raupe schleichen;
Und erhob sich fröhlich, Argwohnfrei,
Daß er Raupe selbst gewesen sei.

Traurig schlich die Alternde zum Grabe:
„Ach daß ich umsonst gelebet habe!
Sterbe Kinderlos und wie gering'!
Und da fliegt der schöne Schmetterling."

Bilder und Träume.

Aengstig spann sie sich in ihre Hülle,
Schlief und als der Mutter Lebensfülle
Sie erweckte, wähnte sie sich neu,
Wußte nicht, was sie gewesen sei.

Freund, ein Traumreich ist das Reich der
Erden.
Was wir waren? was wir einst noch werden?
Niemand weiß es; glücklich sind wir blind;
Laß uns Eins nur wissen, was wir sind.

Die Natur.

1.

Hast du, hast du nicht gesehn,
Wie sich alles drängt zum Leben?
Was nicht Baum kann werden,
Wird doch Blatt;
Was nicht Frucht kann werden,
Wird doch Keim.

2.

Hast du, hast du nicht gesehn,
Wie von Leben alles voll ist?
Schon im Blatt, des Baumes
Hoher Bau;
Schon im Keim, der Früchte
Volle Kraft.

Bilder und Träume.

1.

Reiche Fülle der Natur,
Labyrinth zu neuem Leben,
Kürzend tausend Wege
Tausendfach,
Ueberall belebend,
Allbelebt.

2.

Lebend Weben der Natur,
Ewger Frühling junger Keime,
Wenn sie mir verwelken,
Starben sie?
Sind sie, mir verschwunden,
Nirgend mehr?

1: 2.

Nein, ihr blühet wo ihr seyd,
Hingelangt auf kurzem Wege,
Ihr, der großen Mutter
Lieblinge,
Ihre zartsten Sproßen
Welken früh.

Selig, selig, wo ihr seyd,
In des Ewgen Paradiese.
Hier am Lebensbaume,
Blüthen nur;
Dort am Lebensbaume,
Früchte schon.

1.

Mausoleum der Natur!
Wo der Tod zum Leben fördert.

Bilder und Träume.

Dieser Keim ward Pflanze
Als er starb;
Jene Menschenpflanze
Genius.

2.

Selig, selig, der ich bin
In der Welt voll Leben Gottes.
Meine Adern wallen
Seinen Strom;
Meine Seele trinket
Gottes Licht.

1. 2.

Empyreum der Natur,
Wo einst Alles sich belebet!
Alle Kräfte, Gottes
Feuerstral.
Alle Seelen, Gottes
Lebenslicht.

Der Säugling.

Wer ist der kleine Sklave, der in Banden
Aus diesem frühen Sarge klagen weint?
Ein Mensch? O löset ihn, macht frei ihn von
        den Banden;
Wer Seufzer hemmet, ist ein Menschenfeind.
Der Wurm darf sich im Staube winden,
Das Lamm hüpft um die Mutter her;
Und ihn umhüllen Binden,
Zwangfesseln eng' und schwer.

Bilder und Träume.

Du Weltankömmling, deinen zarten Händen
Prägt dies Geschenk dein Glück des Lebens ein;
Um einen Pilgrimsweg von Sarg zu Sarg zu
              enden,
Sollst du der Sklaven ewger Sklave seyn.
So hört' ich es und singe bebend
Das Lied, das dir die Parze sang,
Als sie den Faden webend
Zur Kette um sich schlang.

Sie sang: „o du im Chaos von Ideen
Gebohrner, wenn du einst mit Fesseln ringst,
Und wie im Schiffbruch dann, um Sonn' und
              Tag zu sehen,
Vom Abgrund' auf, doch schwer beladen dringst;
Du hörst das Chor der Sterne droben
Auf ewig-unverrückter Bahn
Den Weltgebieter loben
Und schaust sie liebend an.

            F.

„Dich weckt ihr Hochgesang und aus der Seele
Stürmt in die Flügel dir des Adlers Muth;
Du wägst den schweren Leib, entschwingst den
Staub der Höle
Und trinkst im Geiste schon der Sonne Glut:
Ach, nicht vom ersten Morgensterne
Vom Felsen blickst du bald hinab;
Und schaust in naher Ferne
Den Erdenball, dein Grab.

„Dann klagt dein Herz, daß die im Stau-
be wohnen,
Das Erdenvolk sich lab' an Finsterniß.
O dir zu eigner Ruh, dein bestes Selbst zu schonen
War's, daß ich größerm Lichte dich entriß,
Bis bald der sanfte Schwung der Wiege
Mit Lethe's Welle dich besprengt
Und dir zum Thoren-Kriege
Ein weises Phlegma schenkt."

Bilder und Träume.

Die Parze sprachs. Da trat zu seiner Wiege
Ein lichter leichter Lebensgenius
Und gab, daß er im Kampf der Thoren nicht er-
liege
Mit seinem Segen ihm den Friedenskuß,
Gab ihn der Unschuld Mutterhänden
Und, sehet! hat sein zartes Haupt,
Den Dämon abzuwenden,
Mit einem Kranz umlaubt.

Ein Kranz der Blume, die verborgen blühet
Und schmückt ihr schönes Thal auch ungesehn,
Erfreut, wenn sie den Blick der Liebe zu sich
ziehet,
Vergnügt, wenn keine Blicke sie erspähn.
O Knabe mit dem Veilchenkranze,
Sei wie die Blume, die im Gruß
Des Friedens dir mit stillem Glanze
Umwand dein Genius.

Und wenn ein rauher Fuß dich niederdrücket,
Mißgönnt die Sonne dir dein Tröpfchen Thau;
Du senkest müde dich, vom scharfen Ost zerknicket,
Und suchest Schatten in der dürren Au;
Dann sei, wenn sanft dich wegzumähen
Der Sonne letzter Schimmer traf,
Im leisen Frühlings-Wehen
Dein Tod der Blume Schlaf.

Die Schwestern des Schicksals.

Nenne nicht das Schicksal grausam,
Nenne seinen Schluß nicht Neid:
Sein Gesetz ist ewge Wahrheit,
Seine Güte Götterklarheit,
Seine Macht Nothwendigkeit.

Blick' umher, o Freund!, und siehe,
Sorgsam wie der Weise sieht.
Was vergehen muß, vergehet:
Was bestehen kann, bestehet:
Was geschehen will, geschieht.

Heiter sind des Schicksals Schwestern,
Keine blasse Furien:
Durch der Sanftverschlungnen Hände
Webt ein Faden sonder Ende
Sich zum Schmuck der Grazien.

Denn seit aus des Vaters Haupte
Pallas jugendlich entsprang,
Wirket sie den goldnen Schleier,
Der mit aller Sterne Feier
Droben glänzt Aeonenlang.

Und an ihrem Meisterwerke
Hanget stets der Parze Blick.
Weisheit, Macht und Güte weben
In des Wurms und Engels Leben
Wahrheit, Harmonie und Glück.

Nenne nicht das Schicksal grausam,
Nenne seinen Schluß nicht Neid:
Sein Gesetz ist ewge Wahrheit,
Seine Güte Götterklarheit,
Seine Macht Nothwendigkeit.

II.

Ueber

Bild, Dichtung und Fabel.

Der Mensch ist ein so zusammengesetzt künstliches Wesen, daß, Trotz aller Anstrengung, in ihm nie ein ganz einfacher Zustand möglich ist. Zu eben derselben Zeit, da er siehet, höret er auch und genießt unvermerkt durch alle Organe seiner vielartigen Maschiene Einflüsse von außen, die zwar größtentheils dunkle Empfindungen bleiben, jederzeit aber auf die Summe seines ganzen Zustandes ingeheim mitwirken. Er schwimmt in einem Meer von Eindrücken der Gegenstände, wo Eine Welle leiser, die andre fühlbarer ihn berühret, immer aber mancherlei Veränderungen von außen sein Inneres reizen. Auch in diesem Betracht ist er eine kleine Welt, wie ihn Protagoras in einer andern Absicht das **Maaß der Dinge** nannte, die ihn umgeben.

Unter seinen Sinnen sind **Gesicht** und **Gehör** diejenigen, die aus dem Ocean dunkler Empfindungen ihm Gegenstände am nächsten und klärsten vor die Seele bringen; und da er die Kunst besitzt, diese Gegenstände durch Worte vestzuhalten und zu bezeichnen: so hat sich insonderheit aus dem Gesicht und aus dem Gehör eine Welt menschlicher Wahrnehmungen und Ideen in seiner Sprache geordnet, die auch noch in der fernsten Ableitung die Spuren ihres Ursprunges zeigen. Selbst die feinsten Wirkungen der Seele hat man daher aus dem Gesicht und Gehör bezeichnet, wie es die Namen, **Anschauungen und Ideen, Phantasieen und Bilder, Vorstellungen** und **Gegenstände** nebst hundert andern Worten der Art, zeigen. Nach dem Auge hat sodann Ohr und Gefühl, insonderheit die tastende Hand, der Seele die meisten Ideen gegeben; der Geschmack und Geruch weniger, insonderheit in den nordischen Regionen.

Ueber Bild, Dichtung und Fabel.

So viel man gegen den Namen Aesthetik, als **Philosophie des Schönen** betrachtet, eingewandt hat: so wenig sollte man ihn jetzt eingehen lassen, da bereits, und vorzüglich von Philosophen unsrer Nation, eine Reihe der vortreflichsten Bemerkungen an diesen Namen geknüpft ist. Er ist auch kein unschicklicher Name, sobald man eine **Philosophie der sinnlichen Empfindungen** darunter meinet, von welcher die Philosophie des Angenehmen, des sinnlich-Vollkommenen und Schönen zwar nur ein Theil, aber gewiß nicht der verächtlichste Theil ist. Jede Empfindung, so wie jeder Gegenstand derselben hat nämlich seine Regeln der Vollkommenheit in sich, die der Philosoph aufsuchen muß, damit er den Punkt ihrer höchsten Wirkung finde und aus ihm Regeln für seine Kunst ableite. Zu diesem Zweck muß er nothwendig die Empfindungen mehrerer Sinne vergleichen, was in Jedem derselben ursprünglich und abgeleitet sei, bemerken und vorzüglich ein Auge darauf haben, wie Ein Sinn den andern unterstützt, berichtiget und aufkläret. Könnte dieser schöne Theil der Philosophie einen bessern Namen als Aesthetik finden, da dieser Name sowohl den Umfang seiner Gegenstände, als das Subject ihrer Wirkung genau bezeichnet? Eine Philosophie des Geschmacks, des Schönen u. s. w., die nur von Einem Sinne ausginge, müßte zur Philosophie der gesammten Empfindungen nothwendig nur unvollkommene Bruchstücke liefern.

* * *

Wenn also das Gesicht der reichste, feinste und klärste Sinn ist, eine Welt von Empfindungen der Seele zu geben und zu bezeichnen: so muß sich an ihm auch die Philosophie sinnlicher Gegenstände vorzüglich und für alle andre Sinne üben. In der Mathematik hat sich die Optik

Ueber Bild, Dichtung und Fabel. 93

nicht nur selbst sehr ausgebildet, sondern sie hat auch die Grundlage fast aller andern Wissenschaften werden können, eben weil die Natur uns in der Struktur des Auges und in den Gesetzen des Lichtstrals das schönste Muster einer feinen Genauigkeit vorlegte. Für die Philosophie der Empfindungen ist eine **Theorie des Lichts und des Bildes** von gleich mannichfaltigem Nutzen, sobald man sie in den Erscheinungen verschiedner Kunstwerke aufzusuchen und zu den allgemeinsten Regeln zu erheben strebet.

I. Vom Bilde.

1. **Bild** nenne ich jede Vorstellung eines Gegenstandes mit einigem Bewußtseyn der Wahrnehmung verbunden. - Steht es vor meinem Auge, so ist es ein körperliches, sichtliches Bild. Wird es meiner Einbildungskraft dargestellt: so ist es eine **Phantasie,** ($Φαντασμα$) die aber dennoch von sichtlichen Gegenständen ihre Gesetze

borget. Dort wache, hier träume ich; und man siehet, daß die Phantasie des Menschen auch wachend beständig forträume.

Alle Gegenstände unsrer Sinne nämlich werden nur dadurch unser, daß wir sie **gewahr werden,** d. i. sie mit dem Gepräge **unsres Bewußtseyns,** mehr oder minder hell und lebhaft, bezeichnen. In dem Walde sinnlicher Gegenstände, der mich umgiebt, finde ich mich nur dadurch zurecht und werde über das Chaos der auf mich zudringenden Empfindungen Herr und Meister, daß ich Gegenstände von andern trenne, daß ich ihnen Umriß, Maas und Gestalt gebe, mithin im Mannichfaltigen mir Einheit schaffe und sie mit dem Gepräge meines **innern Sinnes,** als ob dieser ein Stempel der Wahrheit wäre, lebhaft und zuversichtlich bezeichne. Unser ganzes Leben ist also gewissermaaßen eine **Poëtik:** wir sehen nicht; sondern wir erschaffen uns Bilder. Die

Gottheit hat sie uns auf einer großen Lichttafel vorgemahlt; wir reissen sie von dieser ab und mahlen sie uns durch einen feinern, als den Pinsel der Lichtstralen in die Seele. Denn das Bild, das sich auf der Netzhaut deines Auges zeichnet, ist der Gedanke nicht, den du von seinem Gegenstande dir zueignest; dieser ist blos ein Werk deines innern Sinnes, ein Kunstgemählde der Bemerkungskraft deiner Seele.

2. Hieraus ergiebt sich, daß unsre Seele, so wie unsre Sprache, beständig allegorisire. Indem sie nämlich Gegenstände als Bilder sieht oder vielmehr nach Regeln, die ihr eingeprägt sind, solche in Gedankenbilder verwandelt; was thut sie anders, als übersetzen, als metaschematisiren? Und wenn sie diese Gedankenbilder, die blos ihr Werk sind, jetzt durch Worte, durch Zeichen fürs Gehör sich aufzuhellen und andern auszudrücken strebet; was thut sie aber

mals anders, als übersetzen, als alläosiren: Der Gegenstand hat mit dem Bilde, das Bild mit dem Gedanken, der Gedanke mit dem Ausdruck, das Gesicht mit dem Namen so wenig gemein, daß sie gleichsam nur durch unsre Wahrnehmung, durch die Empfindung eines viel=organisirten Geschöpfs, das durch mehrere Sinne Mehreres auf Einmal empfindet, an einandergrenzen. Blos die Mittheilbarkeit, die Communicabilität unsrer mehreren Sinne gegen einander und die Harmonie zwischen ihnen, auf welcher diese Mittheilung ruhet; nur sie macht die innere Form oder die sogenannte Perfectibilität des Menschen. Hätten wir nur Einen Sinn und hingen mit der Schöpfung gleichsam nur von Einer Weltseite zusammen, wäre kein Umsatz der Sachen in Bilder, der Bilder in Worte oder andre Zeichen für uns möglich: so lebe wohl, Vernunft des Menschen! Mit einer zehnfach größern Intuition, wenn sie blos einseitig und von keinen andern Sinnen unterstützt wäre, bliebe das anschauende Wesen ein viel unvollkommeneres Geschöpf, als jetzt, da es seinen sparsamen Reichthum so häufig umsetzen kann und dabey sich immer die Mühe geben muß, ihn frisch zu bearbeiten, ihm eine neue Gestalt zu geben. Er passirt durch das Thor eines andern Sinnes und bekommt nach andrer Lebensart und zu anderm Gebrauch auch ein anderes Gepräge.

3. Ungeachtet der verschiednen Namen, mit welchen man die Seelenkräfte, die mit Bildern und dem Ausdruck derselben umgehn, bezeichnet; so sind doch allen diesen Kräften dieselben Gesetze der Vollkommenheit eines Bildes vorgezeichnet; Wahrheit nämlich, Lebhaftigkeit und Klarheit. Zwar hat jeder Sinn und jede Kraft der Seele ihre Art und ihren Grad dieser Eigenschaften: Einer der Sinne kann und muß den andern einschränken; auch die besondern

Zwecke der Darstellung jedes Bildes müssen seinen Gesichtspunkt, mithin auch seine ganze Zeichnung, jedesmal verändern; die innern Regeln seiner Vollkommenheit aber bleiben demohngeachtet immer dieselben. Wäre es unserm Bau und der harmonischen Stimmung unsrer Seelenkräfte nach möglich, daß in Einem Gegenstande für uns sich Wahrheit, Lebhaftigkeit und Klarheit in gleichem Grade verbinden ließen; warum sollten sie nicht mit einander dürfen verbunden werden? In Gott ist die höchste Wahrheit, Lebhaftigkeit und Klarheit, ohne daß Eine dieser Eigenschaften die andre schwächt, ohne daß er sich Einer derselben schämen dürfte. Es ist also nur ein Bettelstolz der sogenannten **obern** Kräfte der Seele, daß sie sich ihrer Schwestern, die sie verächtlich die **niedern** nennen, als unmächter Geschwister oder als dienender Mägde schämen. Von Sinnen und der Erfahrung gehet unser Erkänntniß aus und auf sie kommt alles zurück: ohne Glieder und

Organe, ohne Phantasie und Gedächtniß hat der Verstand nichts, womit er sich beschäftige, die Vernunft nichts, worüber sie brüte, die Symbolik nichts, das sie durch Zeichen ausdrücken möge: Wahrheit und Lebhaftigkeit der Bilder tragen also selbst zu ihrer Deutlichkeit und Klarheit bei; so daß, ohne jene, alle Abstraction nur Täuschung wäre. Das höchste Gesetz der Vollkommenheit in allen Wissenschaften und Künsten kann also nur seyn, daß dem Zweck der Vorstellung gemäß Eine Eigenschaft der andern, z. B. die Klarheit der Lebhaftigkeit, die Lebhaftigkeit der Wahrheit nicht schade, sondern aufhelfe und sie zu ihrem Zweck fördere.

4. Es wird hieraus deutlich, daß da eigentlich nur der innere Sinn des Menschen der Bildner ist, der durchs Auge und durch jedes andre Organ sich nach innern Regeln Gestalten schafft, und das Gesundene Eines Sinnes allen andern,

so weit er kann, mittheilet; auch dieser innere Sinn, d. i. die Regel des Verstandes und Bewußtseyns der einzige Maasstab seyn könne, wie in jedem Werk, in jedem System der Kunst oder des Vortrages ein Bild gestellet, gewandt, ausgemahlt, kurz, zu welchem Grad der Wahrheit, Lebhaftigkeit und Klarheit es in jedem Zuge gebracht werden dürfe. Allgemeine mechanische Regeln helfen hier nichts: denn, wie gesagt, es liegt nicht in den Dingen außer uns allein, was wir in ihnen sehen; sondern vorzüglich an dem Organ, das da siehet und an dem innern Sinne, der gewahr wird. Die Fliege sieht eine andre Welt, als die Schnecke; der Fisch eine andre als der Mensch; und doch sehen sie alle nach denselben Regeln der Wahrheit, Lebhaftigkeit und Klarheit. Eine und dieselbe Schöpfung. So ists mit jedem veränderten Gesichtspunkt und Tageslichte: so zuweilen mit jeder veränderten Disposition unseres Körpers und unsrer Seele. Die Regeln indeß der Vorstellung und Empfindung bleiben dieselben; ja durch jeden Fall der Veränderung wird ihre innere Wahrheit bewähret. Also ist es thöricht, der Seele vorzuschreiben, wie irgend Ein Bild der Natur von ihr gebraucht werden soll; nach innern Regeln des Verstandes und Bewußtseyns muß sie es brauchen lernen, wie dieses Kunstwerk in seinem Zweck, zu seiner Zeit, nach seinem Ort, nach der Empfindungsart des Künstlers und Liebhabers das Bild fodert.

Man nehme z. B. Eine und dieselbe Allegorie, Ein und dasselbe Gleichniß und wolle sie in einem mathematisch-philosophischen Buch, oder in einer Rede, einem Lehrgedicht, einem Liede, einer Ode, einer Epopee, in einem Trauer-Lustspiel und wo weiß ich mehr? anwenden: Sagt uns nicht der innere Sinn, daß an keinem dieser Orte das Bild ausgeführt werden könne, wie am andern? Eine Allegorie im Trinkliede oder in einem philosophischen Gespräch des Plato, in Aeschylus Chören oder in Aristophanes Scenen, in einem Bilde Lysippus oder in einem Gemählde Apelles wird ein ganz ander Werk, wenn sie auch allenthalben denselben Gegenstand schilderte. Verfolgt man nun diese Verschiedenheit durch alle Situationen des Gedichts und Kunstwerks, durch alle Leidenschaften des Dichters und Künstlers, durch jede Veränderung der National-Denkart, der Zeit, Sprache, der veranlassenden Umstände u. f.; so sehe ich nicht, was für allgemeine Regeln jedes besondern Falles übrig blieben, außer sofern sie im **Begriff der Allegorie** selbst, und **in der Natur des Bilder-dichtenden Verstandes** durch eine innere Nothwendigkeit gegeben sind, **Wahrheit, Lebhaftigkeit, Klarheit.** Jedes Sylbenmaas sogar, jeder Ton des Liedes schattiert die Bilder der Phantasie auf eigne Weise;

es wird sich selten aus Einem ins andre ein Gemählde vollkommen übertragen laſſen, wenn es nicht von einem neuen Geiſt belebet und gleichſam neu erſchaffen wird. Wie ſchlecht ſieht es alſo mit aller knechtiſchen Nachahmung, mit jedem gelehrten Diebſtal fremder Allegorieen und Bilder, endlich gar mit jenen poetiſchen Blumenleſen und Vorrathsſchränken aus, in denen man ſich fremde Lappen für zukünftigen Gebrauch ſammlet. Unſelige Uebung für Jünglinge, die zu ſolcher Bilderkrämerey gewöhnt werden! Laſſet ſie jedes ſchöne Bild, jedes treffende Gleichniß an ſeinem Ort lieben, ſchätzen und bewundern lernen, ohne daß ihnen ein Gedanke einkomme, Einen Zug deſſelben für ihr etwanniges Gemächte zu entwenden. Je wahrer und vollkommener ihnen das Bild an Stelle und Ort erſcheinet, deſto weniger werden ſie räuberiſche Hände daran legen wollen, vielmehr von Eifer entbrennen, ſelbſt an Stelle und Ort ein dergleichen Naturvolles Bild aus Wahrnehmung ihres Sinnes zu entwerfen.

5. Ungerecht ist also die Klage, daß das Vorrathshaus der Natur für uns erschöpft sei, und daß wir zu spät gebohren worden, um den Löwen oder die Sonne besser zu schildern, als sie bereits oft geschildert sind. Vom Besser-schildern ist hier die Rede nicht: denn die Wahrheit war zu allen Zeiten dieselbe; daß jeder wahrnehmende Mensch aber seinen Gegenstand eigen schildern kann, als ob er noch nie geschildert wäre; darüber, dünkt mich, sollte kein mißtrauender Zweifel walten. In keinem seiner Gleichnisse ist Homer zu übertreffen; niemand aber wolle ihn auch übertreffen und Homers Löwen und Esel, Homers Kraniche und Fliegen besser schildern, als Er selbst sie geschildert hat. Wenn Deine Rede oder Dichtkunst dieser Bilder bedarf: so schildere sie nach Deiner

Art, wie Du solche wahrnahmest, wie der Geist Deiner Poesie sie fodert; nie wirst du sodann in Verlegenheit seyn, dem alten Dichter Eines seiner Gleichnisse entwenden zu müssen, ja du würdest sie unverändert kaum gebrauchen können, wenn sie dir auch alle geschenkt würden. Der Geist dichtet: der bemerkende innere Sinn schafft Bilder. Er schafft sich neue Bilder, wenn die Gegenstände auch tausendmal angeschaut und besungen wären: denn er schauet sie mit seinem Auge an, und je treuer er sich selbst bleibt, desto eigenthümlicher wird er zusammensetzen und schildern.

Auch das Uebermahlen fremder Werke ist daher immer eine mißliche Arbeit. Gesetzt, du fügtest auch dem Bilde des Andern einen schönen Zug, der Allegorie eine neue treffende Bedeutung bei; du zerstörtest aber damit die eigenthümliche Harmonie des ganzen Gemäldes; wäre wohl der hereingemahlte blendende Farben=

streif der Grazie werth, die du eben durch ihn dem ganzen Kunstwerk raubtest? Am Materiellen des Bildes liegts eigentlich nirgends: allenthalben aber am schaffenden Geist, der das Ganze erfand und es noch jetzo hält und belebet.

6. Also auch über den Grad der Lebhaftigkeit in den Bildern lassen sich eigentlich keine allgemeinen Gesetze geben. Jedes Kunstwerk hat seinen Ton, seine fortgehaltene Melodie, in der nichts vorschreien, nichts verstummen muß; eine wachsende oder abnehmende Empfindung stimmt diese Modulation von Anfange bis zu Ende. So ists mit der Arbeit eines jeden Dichters, Schriftstellers und Künstlers: er haucht dem Werk seinen Genius ein, daß es seinen Ton tönet. Lebhaftigkeit der Bilder ist nirgend weder der Wahrheit noch Klarheit derselben entgegen; sie muß, wenn sie rechter Art ist, von jener unterstützt werden und diese

befördern. Selbst die sogenannte Verwirrung der Ode ist eine Verwirrung nach Regeln, d. i. eine höhere Ordnung.

Da nämlich in der Natur der Dinge keiner unsrer Sinne für sich allein wirket und wir immer eine Aeols-Harfe sind, sofern wir von mancherlei Winden und Elementen belebt werden: so beruhet die Lebhaftigkeit der Vorstellung gerade auf der Mannichfaltigkeit dessen, was wir beim Genuß dieses Gegenstandes damals auf Einmal fühlten. Der innere poetische Sinn weiß dieses so wahr und genau zusammen zu knüpfen, daß wir in seiner Kunstwelt abermals seine ganze lebendige Welt fühlen: denn eben die kleinen Umstände, die der kalte Verstand nicht bemerkt hätte, und die der kältere Afterverstand als Ueberfluß wegstreichet, sind gerade die wahresten Striche des eigenthümlichen Gefühls, also auch eben dieser Wahrheit wegen von der entschiedensten Wirkung. Der sogenannte Ueberfluß in Homers Gleichnissen macht alle diese Gleichnisse erst lebendig: er setzet sie nämlich in Handlung und Bewegung, und so muß das lebendige Geschöpf nothwendig seine Glieder regen. Schneidet diese ab; der todte Rumpf wird weder stehen, noch wandeln.

Das Weitere, das ich über diese Materie zu sagen hätte, verspare ich auf eine Zergliederung der **Allegorie**, sofern solche der **Philosoph**, der **Dichter** und **Künstler**, und zwar jeder in mancherlei Gattungen seiner Werke, zu mancherlei Zwecken brauchet. Hier sei es gnug für uns, das unerschütterliche Axiom zu bemerken, daß die ganze Welt für ein fühlloses Wesen eine todte Masse, für einen verworrenen Geist ein Chaos von Farben und für ein flaches Gefäß auch eine flache Tafel sei, ohne innere Zuverlässigkeit und Wahrheit. Je genauer wir aber

Wahrheit bemerken, je lebhafter und tiefer wir sie fühlen, desto mehr schildern wir Wahrheit wir mögen sie in Bildern oder in Empfindungen und Tönen betrachten. Alle diese Dinge fließen zusammen und bestimmen sich zuletzt nach dem Gegenstande, den das Gemälde der Natur vorstellt, nach dem Standpunkt, in welchem man es siehet, nach dem Organ oder Ton der Empfindung, mit welchem man es zeichnet und bemerket. Es wird hievon die Rede seyn, wenn wir das schönste Gemählde der menschlichen Sprache, die lyrische Poesie, insonderheit die Ode in nähere Betrachtung ziehen werden.

II. Von der Dichtung.

Jetzt gehen wir unsres Weges fort und sehen, wie aus dem wahrgenommenen Bilde Dichtung werde? Und der Uebergang hiezu ist bereits gegeben. Liegt nämlich das, was wir Bild nennen, nicht im Gegenstande, sondern in unsrer Seele, in der Natur unsres Organs und geistigen Sinnes, der sich in jedem Mannichfaltigen immer ein Eins schafft, mithin immer, verständig oder unverständig, träumt und dichtet: so dürfen wir nur auf die **innere Gestalt** und eigne Art, oder gleichsam auf den **Habitus** unsrer Bilder-schaffenden Seelenkraft merken, so wird sich daraus die Art und Lieblingsmanier aller menschlichen Dichtung leicht ergeben. Wir dichten nämlich nichts, als was wir in uns fühlen: wir tragen, wie bei einzelnen Bildern unsern Sinn, so bei Reihen von Bildern unsere Empfindungs- und Denkart in die Gegenstände hinüber und dies Gepräge der Analogie, wenn es Kunst wird, nennen wir Dichtung. Wir wollen nur drei Hauptstücke des Habitus unsrer Empfindungsweise auszeichnen; alle andern werden sich daraus von selbst ergeben.

Ueber Bild, Dichtung und Fabel.

1. Alles was da ist, sehen wir wirken; und schließen mit Recht, daß der Wirkung eine wirkende Kraft, mithin ein Subject zum Grunde liege; und da wir Personen sind, so dichten wir uns an allem Wirkenden der Naturkräfte, persönliche Wesen. Daher nun jene Belebung der ganzen Natur, jene Gespräche mit allen Dingen um uns her, jene Verehrungen und Anschauungen derselben, als ob sie auf uns wirkten, jene Prosopopöien und Personificationen bei allen Völkern der Erde. Man schreibt sie meistentheils der Unwissenheit zu; wenn aber Unwissenheit ihre Mutter wäre, so ist doch der bemerkende Verstand ihr Vater. Von den innern Kräften der Natur wissen Wir so wenig, als eine Negernation weiß. Wir kennen zwar mehrere Wirkungen mehrere Kräfte und haben sie nicht nur selbst nachzuahmen oder anzuwenden versucht, sondern auch unter einander besser geordnet; indessen bleibt auch bei uns jede Physik ei-

ne Art Poëtik für unsre Sinne, aus unsern Erfahrungen geordnet; und sobald unser Geist in andern Organen die Natur sähe, würde er nothwendig anders classificiren. Der sinnliche Mensch kann nun nicht anders, als sinnlich ordnen; und indem er in alles Wirkende seine eigne ganze Wirkungskraft hinüberträgt: so erscheinen ihm Götter in allen Elementen. Im rauschenden Wasserfall, im Meer, im Sturm, im Blitz und Donner, in der säuselnden Luft, in allen Bewegungen der Natur sind lebendige, wirkende, handelnde Wesen. Aus Reisebeschreibungen ist bekannt, daß dieser Glaube allen sinnlichen Nationen gemein sei; ja wie sollte ers nicht seyn, da auch wir ihn unter uns allen sinnlichen Menschen, Kindern, Weibern, Menschen in Leidenschaft, in Verrückung, im Traum der Gedanken, sogar in jedem Augenblick, da sie nicht auf ihrer Hut sind, gemein finden? Die Furcht, zumal in der Finsterniß, die Traurigkeit, Liebe, Sehnsucht, Verzweiflung und jede andre Leidenschaft macht in unvermutheten Augenblicken uns alle noch zu Wilden, denen bald dieser, bald jener Gegenstand zu leben scheint und in sonderbaren Eindrücken auf sie wirket. In der Kindheit sehen wir lange Jahre die Welt so an, und in Träumen kommen uns solche Personificationen der Kindheit häufig wieder. Der Zustand unsrer kalten Besonnenheit ist ein künstlicher, durch Erfahrung, Lehre und Gewohnheit allmälich erworbener Zustand, dessen Besitz uns in völlig-unerwarteten Fällen zu erhalten oft schwer wird.

Daß nun jede Nation der Erde sich diese Personificationen nach eigener Art bilde, bedarf keines Erweises; alle Reisebeschreibungen, alle Mythologieen sind davon voll und ich wünschte, daß wir ein Nymphäum dieser Phantasieen unsers Geschlechts, rein gesammlet und klimatisch ausgelegt', besäßen. Es wäre die Geschichte eines vernünftigen Wahnsinnes, in welchem, wie Polonius von Hamlet sagt, allenthalben Methode statt findet; eine sehr mannichfaltige Blumenlese, die Probe von Reichthum und der Armuth aller menschlichen Erfindung.

2. So natürlich es dem Menschen scheinet daß alles Wirkende Person sei: so kann er sich auch keine andre Art der Wirkung als die in seiner Natur liegt, Thätigkeit und Leiden, Empfangen und Geben, Liebe und Haß, am Ende endlich nichts als die beiden Geschlechter denken, in welche die Natur ihre belebtesten Wesen getheilt hat. Bei Menschen, bei Thieren, ja sogar bei Pflanzen und Bäumen sehen wir dieselbe; warum sollten sie hier aufhören und nicht auch bei den höhern elementarischen Wesen, bei den Kräften der Natur selbst statt finden, da ja alles in der Schöpfung giebt oder

nimmt, wirkt oder genießt, einander hasset oder liebet? Und so ward der Himmel mit Göttern und Göttinnen, so wurden die Elemente mit Wesen erfüllt, die sich einander fliehen oder anziehen, einander fördern oder zerstören. Die Natur ward ein Kampfplatz verschiedner, gegenseitiger, sich einander einschränkender oder einander beistehender Kräfte; und ist sie etwas anders? Selbst die Philosophie der Naturgeschichte muß nach Verwandtschaften, nach Aehnlichkeiten und den beiden Geschlechten ordnen; sie kann nicht anders. Auch diese Sprosse der Dichtung ist uns also in der Analogie der Natur gegeben; der menschliche Sinn bemerkte, die Phantasie mahlte aus. Sogleich floß aus dieser eine andre Quelle der Dichtung, nämlich:

3. **Die Erzeugungen und Geburten aller Naturerscheinungen, ihr wechselnder Zustand des Todes und Lebens.** Aus ver-

einigender Liebe sahe man neue Wesen hervorgehn, im zerstörenden Kampf andre Gestalten verschwinden; was war also natürlicher als jene Theogonieen, Kosmogonieen und Genealogieen erscheinender und verschwindender Naturformen, von welchen alle Mythologieen der Erde voll sind.

Dies sind die drei simpeln Ideen, aus welchen sich alle Dichtung des menschlichen Geistes hervorgesponnen hat: ja ich zweifle ob es eine vierte gebe. Sie heißen

1. **Personification wirkender Kräfte.**
2. **Liebe und Haß, Empfangen und Geben, Thätigkeit und Ruhe, Vereinigung und Trennung, kurz zwei Geschlechter.**
3. **Aus zwei vereinigten Dingen ein Drittes, aus zwei widerstrebenden Wesen Untergang des Einen.** So

erklärte man aus dem Seyn das Werden, den Tod aus dem Leben.

Die älteste Mythologie und Poëtik also ist **eine Philosophie über die Naturgesetze;** ein Versuch, sich die Veränderungen des Weltalls in seinem Werden, Bestehen und Untergehen zu erklären. Dies ist sie bei dem dummsten Neger und ists bei dem klügsten Griechen gewesen; weiter kann, mag und will der menschliche Geist nicht dichten. Denn was sollte es sonst heißen: **Dichten?** Etwa ex professo wie Satanas lügen? In einer menschlichen Seele begreife ich dies Wort nicht, außer sofern sie völlige Absurditäten zusammensetzte und damit selbst ungereimt würde. Der Mensch erfindet nur aus Armuth, weil er nicht hat: er wähnt und dichtet, weil er nicht weiß. Und auch dann ist der Wahn seiner Dichtung eigentlich nichts als **sinnliche Anschauung,** von seinem bemerkenden innern

Sinn mit dem Gepräge der Analogie bezeichnet. Eigentlich und absolut kann der Mensch weder dichten, noch erfinden; er würde damit der Schöpfer einer neuen Welt. Was er thun kann, ist, Bilder und Gedanken paaren, sie mit dem Stempel der Analogie, insonderheit aus sich selbst, bezeichnen; dieses kann und darf er. Denn alles, was Bild in der Natur heißt, wird solches nur durch die Empfängniß und Wirkung seiner bemerkenden, absondernden, zusammensetzenden, bezeichnenden Seele.

Es versteht sich von selbst, daß so lange diese Dichtung bei einer Nation blos Sage war, sie Theils ein ungeprägtes Gold blieb, Theils gar bald sehr verfälscht werden mußte. Verfälscht mußte sie werden, weil beinah jeder Sagende dazuthat oder abnahm, auch ohne daß ers wußte und wollte. Einige klare, kühne, lebhafte Geister hatten erfunden und erzählten vor; schwächere Kö-

pfe begriffen halb oder gar nicht; ſie erzählten in=
deß weiter. So wurden endlich Sagen ohne
Sinn, Bilder ohne Verſtand und Deutung.
Mit den Geſchlechtern kamen hiſtoriſche Umſtän=
de in die Erzählung und mußten hineinkommen,
eben weil es Familienſage, Tradition der Kind=
heit war. Keine Mythologie der Welt hat ſich
alſo rein erhalten können, oder ſie wäre keine
Mythologie geweſen. Phantaſieen über die Natur
und Begegniſſe des Geſchlechts, der Nation,
des Lebens webten ſich zuſammen; und ſo wenig
jene eine reine Phyſik waren, ſo wenig waren
dieſe eine reine Geſchichte. In keiner von beiden
aber wollte der menſchliche Geiſt gefliſſentlich we=
der dichten noch lügen; er ſchauete an, und be=
merkte; er druckte ſich, ſo gut er konnte, in ei=
ner mit dem Gegenſtande nicht zuſammenhangen=
den, unvollkommenen, ſymboliſchen Sprache aus
und was noch mißlicher iſt, er erzählte. Von
Kind zu Kind ging die Sage fort und alle Dich=

tungen derselben wuchsen wie der gewälzte Schneeball in Gutem und Bösem. So schritt die Sage als eine Tochter des Gedächtnisses weiter, bis sie **Kunst** ward und diese Kunst hieß **Dichtkunst.** Das rohe Gold ward geprägt und die Sage selbst wars, die diese Prägekunst aufbrachte.

Jeder Erzähler nämlich will gut erzählen und da Er als Unterrichter der Weisere ist, so will er auch seinen Unterricht angenehm, dauerhaft, lebhaft, kurz auf die vollkommenste Weise einprägen. Hiemit war die Dichtkunst erfunden. Dieser Erzähler nämlich erfand seinem ererbten oder erworbenen Gedanken neue, stärkere, lebhafte, liebliche Bilder und Worte; jener den Worten abgemessene Sylbenmaaße, liebliche Töne. Die Geberdensprache brachte den Accent, die Modulation des Tanzes ausgesuchte Metra in die Rede und so war, ohne daß man beinah wußte durch wen? die Dichtkunst da. Jede Nation, die

sie nicht aus der Eltern Hause mitbrachte, erfand die Ihrige und mit jeder neuen Form nahm
Bild, Sage und Dichtung auch eine neue schönere Gestalt an. Bei allen Völkern also, die ihre Mythologie nicht durch Gesänge und Lieder,
durch Vorstellung, Kunst, den Tanz und zuletzt
durch die Schrift verfeint haben, ist sie ein ro-
hes Chaos geblieben; wie z. B. die meisten Ne-
gervölker und viele Amerikanischen Nationen zeigen. Sobald der Peruaner aber seine Regen-
göttinn und ihren Bruder, den Donnerer, in ein
Lied brachte, rundete sich die Dichtung. Jene
rohe Schlacken der alten Sage wurden wegge-
worfen und durch jeden Gesang, durch jedes
neue Sylbenmaas im Liede, durch jedes neue
System eines epischen Mährchens, einer dramatischen Vorstellung, endlich gar einer sittli-
chen, philosophischen Anwendung wurde dies
Bild, jene Allegorie feiner geschlungen, vester
geordnet. Kurz, nachdem ein Volk poetisch

oder nicht poetisch war, nachdem hat sich auch seine Mythologie und Speculation ausgebildet oder ist roh geblieben, wie dies alles der große Markt der Völker auf jeder Stufe ihrer Cultur beweiset.

Es würde uns zu weit führen, wenn wir uns nach Angabe dieses Ursprunges der Dichtkunst auf jede Gattung derselben einlassen und ihre Entstehungsart untersuchen wollten. Wie diese Gattungen in unsern Lehrbüchern vorgezählt werden, sind sie eigentlich nicht philosophisch, sondern historisch gesondert; man ist der Geschichte gefolgt, wie hie und da, insonderheit unter Griechen und Römern, die Eine oder die andre mit einem besondern Namen bezeichnet worden, damit man, dem Zweck eines Lehrbuchs gemäß, aus ihren Vorbildern Regeln herleiten oder Regeln durch Exempel erweisen könnte. Ich zweifle also nicht, daß neben diesen Gattungen und Namen nicht noch andre möglich und wirklich seyn sollten, wenn man sie nämlich philosophisch unterschiede: denn Griechen und Römer haben auch im Reiche der Dichtung nicht alles erschöpfet. Gegentheils gehen Manche dieser Classen unter Eine Gattung zusammen und vielleicht ließen sich alle unter drei oder vier Worte, der **epischen, lyrischen, dramatischen und schlechthin lehrenden Poesie** begreifen. Die epische Poesie erzählt die Sage einer Handlung, einer Begebenheit oder Geschichte, es möge solche von Göttern oder Helden, von Menschen oder Thieren, von Bürgern oder Hirten vollführt, seyn; und die dramatische stellt diese Handlung, sie sei traurig oder frölich, unschuldig oder lasterhaft, wirklich vor, als ob sie vor uns gehandelt würde. Die lyrische Poesie singt; es sei nun Freude oder Leid, Haß oder Liebe, Unterricht für sich oder für andre, gnug sie; moduliret eine eigne Empfindung. Fällt diese Modulation weg und es bleibt blos eine mit poetischem Schmuck gezierte Lehre: so wäre dies die dogmatische Poesie, die aber immer doch an Einer oder mehrerer der vorigen Gattungen theilnehmen und von ihnen ihren Schmuck borgen mußte, wenn sie ihres Namens werth seyn wollte. Wir lassen vorjetzt diese Gattungen der Dichtkunst dahingestellt seyn, um nur Einer derselben, die mit der ältesten Sage und Dichtung nahe verwandt ist, eine nähere Aufmerksamkeit zu schenken; es ist dies die sogenannte Aesopische Fabel. Jeder kennet dieselbe aus gemeinen Begriffen und Beispielen; daher wir mit keiner Erklärung anfangen dürfen, sondern diese vielmehr aus dem Ursprunge der ganzen Gattung aufsuchen wollen: denn auch hier zeigt die Entstehung das Wesen der Sache selbst.

III. Von der Aesopischen Fabel.

Wenn es der menschlichen Seele eine eigene, fortwährende Beschäftigung ist, sich Bilder zu schaffen; sie aus dem Chaos der Naturgestalten zu sondern, ihre Wirkungsart zu bemerken und solche mit einem Namen, den ihr der anschauende Sinn gab, zu bezeichnen: so konnte es unmöglich fehlen, daß nicht bald auch **die äsopische Fabel** entstehen mußte. Der Mensch siehet nur, wie ein Mensch siehet; aus seiner Brust trägt er Empfindungen und Leidenschaften in andre Geschöpfe, aus seiner Vorstellungs- und Handlungsweise also auch Absichten und Handlungen zu ihnen hinüber; er siehet alles in seiner Person, nach seinem Maaße. Dies nannten wir **Dichtung**; und wenn er diese Anschauungen nun so stellet und ordnet, daß er in ihnen einen Erfahrungssatz oder eine praktische Lehre für sich anerkannt und daraus absondert, so ist die äsopische Fabel gegeben. Mögen in ihr Götter, Thiere, Bäume oder Menschen handeln; gnug wenn die Anschauungskraft unsrer Seele sie als Handelnde wähnen und die Abstraction aus ihrem Betragen eine Lehre fürs menschliche Leben absondern mag. Demnach ist die äsopische Fabel sofern nichts als eine **moralisirte Dichtung.**

Auf einmal treten wir durch diesen angegebnen Stand aus einem Netz von Fragen und Widersprüchen hinaus, welches man sich in der Theorie der Fabel vielleicht unnöthig vor die Füße knüpfte. Z. B.

1. **Warum handeln Thiere in derselben? Etwa des Wunderbaren oder der Beständheit ihrer Charaktere wegen?**

Thiere handeln in der Fabel, weil dem sinnlichen Menschen alles Wirkende in der Natur zu handeln scheinet; und welche wirkende Wesen wären uns näher als die Thiere? Ein Kind zweifelt niemals, daß die lebendigen Geschöpfe, mit denen es umgeht, gewissermaaße seines Gleichen sind, also auch seiner Art nach begehren, wollen und wirken. Es hält sie, selbst wenn es sie quält, nicht für leblose Cartesische Maschienen. Mit allen sinnlichen Völkern ists Dasselbe. Der Araber spricht mit seinem Roß, der Hirte mit seinem Schaaf, der Jäger mit seinem Hunde, der Neger mit seiner Schlange, ja der arme Gefangene endlich mit seiner Spinne und seiner Maus. Je mehr der Mensch eine Thiergattung kennen lernt und mit ihr vertraulich umgeht, desto mehr gewöhnen sich beide an einander und theilen einander von ihren Eigenschaften mit. Er glaubt, sie zu verstehen und wähnt, daß sie ihn verstehe; also ist der Grund der kühnsten äsopischen Fabel, dem Wahn der Menschen nach, beinah als Erfahrung, als **historische Wahrheit** gegeben. Allerdings sind die Gattungen der Thiere in ihren Fähigkeiten einander sehr ungleich: sie werden uns auch immer unbemerkbarer und unverständlicher, je unähnlicher sie uns sind oder je entfernter sie von uns leben; den hochmüthigen Wahn indessen, daß das geringste Thier in seinen Wirkungen und Fähigkeiten ein dem Menschen ganz Ungleichartiges sei, sollte endlich die stolze Unwissende, die Metaphysik aufgeben: denn er wird durch die Naturgeschichte reichlich widerlegt. In ihrem ganzen **Habitus des Lebens** sind Thiere Organisationen, wie es der Mensch ist; es fehlt ihnen nur die menschliche Organisation, und das große Werkzeug unsrer abstrahirten, symbolischen Erinnerungen, die Sprache.

Also ists eigentlich nicht des Wunderbaren wegen willkührlich ersonnen, daß Thiere sprechen; a) es war ein alter Glaube des sinnlichen Wahns der Menschen, der durch das Ansehen der Sage bekräftigt, sich von den ältesten Zeiten

---

a) Breitingers Meinung in seiner lehrreichen Critischen Dichtkunst, Abschnitt 7.

Ueber Bild, Dichtung und Fabel.

Heraberbte. Niemand hatte etwas dagegen, wenn jedes Thier sprach, wie es in seinem Charakter, in der von ihm bekannten Lebensweise etwa sprechen konnte; und dem Ueberklugen, dem daran ein Zweifel ankam, durfte man nur sagen: „Es war einmal! Es war eine Zeit, da die Thiere sprachen, da also auch der Fuchs und die Schlange sprach; jetzt sprechen sie dir nur in einem erdichteten Mährchen." Dem Kinde und dem anschauenden sinnlichen Menschen kam der Zweifel nicht ein; und das um so weniger, je mehr er mit ihnen bekannt war, und ihre Sitten vor Augen hatte. Für Kinder und das Volk aber ward eigentlich die Fabel erzählet.

Wenn man also nicht sagen kann, daß die Thierfabel blos des **Wunderbaren** wegen erfunden sei, wäre sie etwa blos der **allgemein bekannten Beständheit des Thiercharak-**

ters wegen, ersonnen worden? b) Ausschließend glaube ich auch dieses nicht: denn die Beständheit im Thiercharakter war zwar Eine, aber nicht eben die Erste und Einzige der Eigenschaften, die man im Reich der Thiere bemerkte und in der Fabel dem Menschen lehrreich zu machen suchte.

Viel andre Eigenschaften des Thiercharakters waren ihm lehrreich, da ja der ganze Habitus der Thiere, eines jeden nach seiner Art, der Lebensart des Menschen zumal in seinem früheren Zustande sehr ähnlich war, mithin auch seiner Anschauung sehr nahe lag. Diese Aehnlichkeit, dies durchgängige analogon rationis humanae, das auch der eigensinnigste Philosoph anerkennen muß, drängte sich dem Menschen auf und so war die fabelnde Dichtung dem anschauenden Natur-

---

b) Leßings Meinung in seinen Abhandlungen über die Fabel S. 181. u. f

Ueber Bild, Dichtung und Fabel.

weisen von der Natur selbst vorgezeichnet. Wollen wir dies Wahrheit und Wahrscheinlichkeit nennen: so war diese **Wahrheit der Analogie**, mit der ihr beiwohnenden **Lebhaftigkeit** und **Klarheit**, die Ursache der Fabel: denn eben dadurch gewann sie alle drei Stücke, die ein Bild oder eine Allegorie haben muß, um sich der menschlichen Seele zu empfehlen. Unter dieser Wahrheit, Lebhaftigkeit und Klarheit war nun sowohl die **Beständheit** der Thiercharaktere, als ihre **Verschiedenheit**, mithin der **Reichthum**, die abwechselnde **Neuheit**, das **Unerwartete der Belehrung**, die **anschaulichste Einfalt**, ja Alles enthalten, was man sonst von der Thierfabel zu rühmen pfleget; wovon doch das Meiste sich auf **anschauliche Aehnlichkeit** zurückführen ließe. Die Aesopische Fabel nämlich war gleichsam die Grenze zwischen Dichtung und Moral. Sie flog durch alle Räume der Natur, ja durch ein „man sagt" in die vorige Zeit zurück, und sog aus allem, was ehemals sinnliche Anschauung gewesen war, den Saft einer Lehre. Aus diesem Standort muß man sie, wie mich dünkt, nie entfernen: denn von abstracten Philosophen für abstracte Philosophen ward sie nicht erfunden. Also wird sich auch sogleich die zweite Frage beantworten:

2. **Wie müssen die Thiere in der Fabel handeln? Als Thiere oder als Menschen?**

Mich dünkt, als Thiere; aber Menschen=ähnlich. Die anschauliche Wahrheit und sinnliche Ueberzeugung beruhet ja eben darauf, daß der Fuchs als Fuchs, der Löwe als Löwe spreche und handle. Durchbreche ich diese Schranken der Anschauung und erhöhe den Charakter der Thiere so hoch über ihre Sphäre, daß die Täuschung verschwindet: so wird, wie Lessing sinnreich sagt, der witzigsprechende Esel der

Sittenlehrer, der Fabulist hingegen der Esel seyn, der ihn so ungereimt metamorphosirte. Also leidet die Behauptung nothwendig eine Einschränkung, c) „daß, wenn man den Thieren einmal Freiheit und Sprache zugestanden, man ihnen zugleich alle Modificationen des Willens und alle Erkenntnisse zugestehen müsse, die aus jenen Eigenschaften folgen, auf welchen unser Vorzug vor ihnen einzig und allein beruhet." Denn dieser Ausspruch könnte nicht anders als alle sinnliche Anschauung und gefühlte Wahrheit einer so erhöheten Fabel rauben. Ists allenthalben nur der verkappte Mensch, der geistreiche, witzige Sittenlehrer, der unter dem Gewande der Thiere spricht; so mag dies Maskenspiel freilich ergötzen, man kann auch in ihm viel Gutes lernen und hören; die eigentliche äsopische Fabel aber ist damit zerstöret. Nach dieser spricht

c) **Leßings Abhandlung** S. 208. 209. u. f.

Mich dünkt, soweit als der Fabulist sich getrauet, seiner gedichteten Handlung Wahrheit, Lebhaftigkeit und Klarheit, kurz der Lehre, die er im Sinn führet, Anschauung geben zu können. Weiter lassen sich hier keine Grenzen zeichnen. Einer Nation, die unter Bäumen lebt, sprechen die Bäume: es ist ihr nicht anstößig, daß Einer vor dem Andern König seyn will, denn wie verschieden ist das Ansehen, der Nutzen und Rang der Bäume dem sinnlichen Menschen! Es ist ihr nicht befremdend, daß Ein Baum die Tochter des Andern zur Braut begehret: denn sie kennet die Geschlechter der Bäume und hat selbst Bäume durch Bäume einimpfend veredelt. Ihre Sprache ist dazu eingerichtet, daß Ausdrücke solcher Art, z. B. die Tochter des Baumes, der König der Bäume, durchaus nichts Auffallendes mehr haben, weil sie in andern Dichtungen längst und kühner gebraucht sind. So erzählte Jotham, e) so ließ Joas eine kühne Baumfabel dem werbenden Könige zur Antwort sagen f) und in beiden Fällen war der Sinn der Dichtung keinem Zuhörer fremde. Gleichergestalt werden bei allen sinnlichen Völkern Berge, Flüsse, Quellen, Sonne und Mond, Gestirne, Wind, Wolken für beseelt geachtet und es liegt sodann nicht außer der Sphäre ihrer Anschauung, wenn Geister der Berge, der Ströme, der Quellen, der Gestirne, wenn Wind und Wolke zu einander sprechen und gegen einander wirken. Alles kommt hier, wie man sieht, auf den anschauenden Sinn des Erfinders, auf die Art, wie er die wirkenden Wesen zusammenstellt und aus ihnen seine Welt dichtet, endlich auf die National- und individuelle Denkart der Zuhörer an, denen er seine Fabel vorträgt. Wenn für Leser eine Fabel geschrieben wird, so ist dies schon zwiefache Kunst

---

e) Richter 9, 7.   f) 2. Kön. 14, 9.

ne vergebliche Mühe ihrer sinnreichen Erfinder dünken. Ob die Wesen, die uns ihre Handlung gegenwärtig machen, Götter, Menschen oder Thiere sind? kann dem Zuhörer gleichgültig seyn, gnug, wenn sie im lehrreichen Punkt ihrer Handlung nur in seine Welt gehören, da eben Ihm die Fabel erzählt wird. Wesen außer unserer Welt kennen wir überhaupt gar nicht, noch minder eine Moral außerhalb dem Kreise der Menschheit; und aus welchem Fach vom Linneischen Natursystem die Geschöpfe der Fabel genommen seyn, kann uns nicht interessiren, sobald wir das Hauptgesetz der Dichtung an ihnen erfüllet sehen. Auch die Götter Aesops gehören zu unsrer Welt, zur Welt der Sage nämlich und einer den Menschen angemessenen nutzbaren Lehre; das Mehr und Minder im Analogon ihrer Vernunft, wenn solches Charakter-mäßig beobachtet worden, ändert nichts im Wesen der Fabel.

Indessen verdient Eine Classe der handelnden Personen eine nähere Erörterung; es sind die **allegorischen Wesen der Fabel.** Darf der **Verstand,** kann die **Phantasie,** der **Neid,** das **Glück,** das **Schicksal** u. s. in ihr erscheinen oder nicht? Mich dünkt, ja! Jedes erscheine, wenn es erscheinen kann, wenn der Dichter sich getrauet, ihm Anschauung und gleichsam handelnde Substanzialität zu geben. Kann er dieses, so ist die Person ein Gott, ein Genius oder ein Dämon; kann ers nicht, bleibet sie in seiner Dichtung ein Gestaltloses Wort, eine Abstraction, ein Name: so ist sie ein Fehler seines Werks, nicht weil sie Allegorie, sondern weil sie kein Wesen ist, dem Er Sprache und Handlung zu geben vermöchte. Also kommt auch hier alles auf die Kunst des Dichters und auf den Zusammenhang an, in welchen er sein Figment setzte. Niemand tadelt es an einem Fabulisten, wenn er den Tod, den Genius des Schlafs, den

Schutzgeist des Menschen, oder eine Fee, eine Nymphe, eine Najade handelnd einführt; gnug, wenn sie in ihrem Charakter handelten und sich in ihrer Wirklichkeit darstellten. Denn getraueten sich die Alten Götter und den Tod, oder Shakespear Gespenster und Schatten sogar auf den dramatischen Schauplatz zu bringen; wie sollte es nicht möglich seyn, daß der Fabeldichter einen Geist oder eine erdichtete Wortgestalt auf den viel engeren Schauplatz seiner Dichtung zaubre und ihm so viel treffende Anschaulichkeit gebe, daß diesen Augenblick niemand an seinem Daseyn zweifelt? Allerdings aber muß er seiner Zauberkunst gewiß seyn: denn sonst wird jede solcher Erscheinungen lächerlich, abgeschmackt oder wenigstens unkräftig, insonderheit wenn weder die Natur, noch die Sage den Wahn, den er uns aufdringen will, vorbereitet, unterstützet und festhält. Wesen solcher Art können nicht vorsichtig gnug, dazu nur an gehörigem Ort mit

Anstand und Würde erscheinen; oder sie zergehen wie Luftblasen; sie sausen unserm Ohr wie ein nichtiger Wortschall vorüber, und die Mühe des Dichters ist verlohren.

4. **Was ists, das uns in der Fabeldichtung anschaulich gemacht wird? Ists ein bloßer Erfahrungssatz oder eine moralische Lehre?**

Mit dem einzigen Exempel einer Holbergschen Fabel, aus welcher erhellet, „daß keine Creatur weniger in der Zucht zu halten ist, als eine Ziege" hat Leßing treffend gnug gezeigt, g) daß nicht jeder Erfahrungssatz, nicht jede nichtige Lehre der Mühe einer Fabeldichtung werth sei; und woher käme ein großer Theil der so unbedeutenden Fabeln, mit denen die Welt überschwemmet ist, als eben auch des nichtigen Ziels wegen, das sie ihrer Mühe zum Zweck setzten?

g) S. 131.

Sobald ich einen jeden Allgemeinsatz auf einen besondern Fall zurückführen, ihm in einer erdichteten oder wahren Geschichte die Wirklichkeit ertheilen und ihn nachher aus derselben durch eine leichte chemische Kunst wieder abziehen will: so ist nichts leichter, aber auch nichts armseliger, als die Fabeldichtung.

Also, sagt man gemeiniglich, sei es ein allgemeiner **moralischer** Satz, der in der Fabel erscheine.

Ein allgemeiner **moralischer** Satz? Indessen gehe ich der besten Fabeldichter beste Fabeln durch und finde in einer beträchtlichen Anzahl derselben nicht eben einen **moralischen** Satz kenntlich, oder das Wort müßte in einem eignen Sinne genommen werden. Oft sind es wirklich nur interessante **Erfahrungssätze,** Regeln der Klugheit u. f.; auf welche in sehr schönen Dichtungen der Dichter es anlegte. Ueberdem ist das

Wort „moralischer Satz" an sich unbestimmt und undeutlich. Soll es eine wirkliche Pflicht der Moral seyn, die mich Thiere lehren? Wie könnte ich diese von einem Thier, einem an sich unmoralischen Wesen, das nur in seinem Charakter handelt und nur in ihm handeln muß, lernen? Der Fuchs bleibt immer ein Fuchs, der Wolf ein Wolf, der Löwe ein Löwe; und ich laufe Gefahr, die ungerechtesten, für uns unsittlichsten Allgemeinsätze zu abstrahiren, wenn ich dem Instinktmäßigen Betragen dieser Thiere blind folgte. Da wäre keine Gewaltsamkeit, keine List, keine blutdürstige Frechheit, die sich nicht aus dem Beispiel eines Thiers durch eine Fabel beschönigen ließe, so daß eben aus der durchgängigen Beständigkeit ihres Charakters zuletzt kein anderer als der allgemeine Fabelsatz folgte: „jeder gehe seinem Instinkt mit Thierbeständigkeit nach; denn der Fuchs muß ein Fuchs seyn, bis ans En-

K

de seines Lebens." Eine Fabelmoral, die alle Moral aufhübe.

"Aesop, sagt Leßing, machte die meisten seiner Fabeln bei wirklichen Vorfällen. Er mußte also die Aehnlichkeit seiner erdichteten Geschichte mit dem gegenwärtigen Vorfall faßlich machen, und zeigen, daß aus beiden sich eben dieselbe Wahrheit bereits ergebe oder gewiß ergeben werde. h)" Ist dies, (und der Umstand ist eben so bekannt als unläugbar;) so wars offenbar weder eine abstracte Wahrheit, noch ein allgemeiner moralischer Satz, auf welche der Fabeldichter arbeitete; es war ein **besondrer praktischer Satz, eine Erfahrungslehre für eine bestimmte Situation des Lebens**, die er in einer ähnlichen Situation anschaulich und für den gegenwärtigen bestimmten Vorfall anwendbar machen wollte. Und hiemit ist unsre Frage aufs deutlichste beantwortet.

h) S. 114.

Nun unterscheidet man zwar zwischen einfachen und zusammengesetzten Fabeln; „jene, sagt man, sei die Fabel mit der bloßen Lehre, diese mit dem Fall der Anwendung zugleich." Allein, was ist eine Lehre ohne Anwendung? Muß, wenn die Fabel von mir gefaßt werden soll, ich mir bei dem abstrakten Satz derselben nicht sogleich einen bestimmten Fall denken, in welchem er mir wieder erscheine? Und woher käme abermals das Langweilige und Nutzlose vieler unsrer Fabelbücher, als unter andern auch von jenen wankenden, dürren Todtengestalten allgemeiner, unbestimmter, vielleicht unanwendbarer Lehren, zu deren Anerkänntniß der Leser die Mühe seiner Fabelreise schwerlich bedurfte. Das schöne Anziehende der Fabeln Aesops und andrer alten Dichter, entsprang eben daraus, daß die Fabel auf einen **gegenwärtigen** Fall des Lebens einen äußerst : passenden Fall der Dichtung darstellte, in welchem kein Umstand vergeblich war, der nicht eben der gegenwärtigen Situation Licht und Leben geschenkt hätte. Aus der Fabel mit der abstrakten Lehre ist diese anziehende Seele der Fabel verschwunden; ein nackter Körper hängt am Kreuze da und die Aufschrift dessen, was er bedeuten soll, hängt unter dem Kreuze. Jeder Lehrer, der seinem Lehrlinge eine Fabel dieser Art nur einigermaaßen nützlich machen will, muß zu ihr eine zweite fehlende Hälfte, den Fall der Anwendung nämlich, so gut er kann, erfinden; oder er ziert den Kopf des Kindes mit einem trocknen Allgemeinsatz und erntet leere Hülsen.

Es giebt also eigentlich keine einfache Fabel; jede ist zusammengesetzt aus dem wirklichen Fall, auf welchen sie angewandt werden soll und aus dem erdichteten, den eben für ihn der Fabellehrer aussann. Daß die schriftlichen Sammler der Fabeln Aesops die Eine, die wahre und wirkli che Situation nämlich, oft ausließen, kam daher, daß sie solche entweder nicht wußten oder daß sie sich die Mühe verkürzten. Sie setzten dafür eine nackte, bisweilen gar eine falsche und verzogne Lehre hin und überließen jedem Lesenden die Anwendung; oder sie glaubten den Fall der Anwendung in die Lehre selbst schon verborgen zu haben, wie es auch zuweilen wirklich geschehen war. Die ältern wahren Fabeln indeß, deren Entstehung man weiß, sind jederzeit mit diesem Gegenstück ihrer Dichtung aufgezeichnet worden, wie die Fabel Jothams und Joas, Nathans Parabel, die Dichtung des Stesichorus, des Menenius Agrippa, sehr viele, die in den Geschichten und andern Schriften der Morgenländer vorkommen, ja auch selbst als Sammlung das ganze Buch Kelileh und Damne zeiget. Nur den Sammlern haben wirs zuzuschreiben, daß wir die Lockmannischen und Aesopischen Fabeln so abgekürzt, gleichsam als Enthymemen der

Fabeldichtung vor uns sehen; wie sie denn auch sonst der Gnomen, Sprüche und Sprichwörter gnug zusammengetragen haben, ohne daß sie es wußten und sagen konnten: woher oder wozu jeder Spruch ursprünglich erfunden wäre? Nachahmende Fabulisten, die für Bücher schrieben, fanden diese Abkürzung sehr bequem, da sie ihnen die Mühe ersparte, einen Fall der Anwendung sich selbst zu erdenken; und warum hätten sie damit den Leser belästigen wollen, da sie zum Zeitvertreib oder zur moralischen Provision aufs Gerathewohl der Zukunft schrieben? Daher nun die unerträgliche Langeweile, wenn wir eine Reihe Fabeln ohne Anwendung auf bestimmte Fälle des Lebens nach einander lesen. Es ist als ob uns ein Sack voll moralischer Lehren und Anschauungen über das Haupt geschüttet würde, da, wenn jede dieser Fabeln in einer Geschichte an Stell' und Ort vorkäme, sie unstreitig ihre Wirkung thäte. Das ist aber einmal das Schick-

Ueber Bild, Dichtung und Fabel.

sal aller Sammlungen, sie mögen Fabeln, Lieder, Epigramme, Sprüche und was es sei, enthalten: man giebt zerstreute Blätter; Blumen, die ihrer Wurzel entrissen sind und also wie auf einem Todtenbett verwelkt trauren. — Wie angenehm ists im Gegentheil, wenn man bei Aesop und Phädrus, bei Leßing, Hagedorn, Gleim, Gellert, Lichtwehr u. a. hie und da eine zusammengesetzte Fabel lieset. Man fühlt sich gleichsam befriedigter und wird gewahr, daß billig eine jede Fabel so erfunden seyn oder so angewandt werden sollte. Leßing insonderheit ist in den zusammengesetzten Fabeln sehr glücklich.

Ferne sei's von mir, die einfache Fabel aus unsrer jetzigen Bücherwelt zu verbannen oder einen müßigen Kopf aufzufordern, daß er zu jedem Werk jeglichen Meisters eine zweite Hälfte hinzufüge. Jeder Lehrer indessen schäme sich mit seinem Lehrlinge dieser Mühe nicht. Statt die Moral der Dichtung weitläuftig zu erklären und über sie neu zu moralisiren, i) setze er sie in einen Fall der Anwendung und je mehr dieser mit dem erdichteten übereinkommt, desto eindrücklicher, lebhafter und schöner wird dem Lehrlinge die Geschichte der Fabel. Wie Leßing einen heuristischen Nutzen dieser Dichtungsart für die Schulen zur Bildung der Genies vorschlug, k) „indem" man die Geschichte derselben bald eher abbricht, bald weiter fortführt, bald diesen und jenen Umstand so verändert, daß sich eine andere Moral darinn erkennen läßt" und von diesem Spiel der Erfindung selbst schöne Beispiele gegeben hat: so möchte ich zu Bildung kluger Köpfe einen andern Gebrauch der Fa-

i) Leider ist dies der Fall in den meisten Ausgaben Aesops für Kinder, deren keines doch die sogenannten moralischen Erklärungen, die hinter jeder Fabel stehen, lieset. Ein eigentlicher Aesop für Kinder ist mir noch nicht bekannt.

k) S. 233.

bel vorschlagen, der sowohl auf die Anwendung der Fabel selbst, als auf die Erfindung ähnlicher Fälle zum wirklichen Gebrauch des Lebens wirke. Es wäre nämlich die reine Erzählung der Situation, auf welche die Dichtung paßt und zwar eine treffende Erzählung nach allen Umständen der Fabel. Hier lernte der Jüngling nicht nur einen allgemeinen Satz aus einer Geschichte finden und einen neuen aus einer veränderten Geschichte abstrahiren; (eine Uebung, der ich ihren Nutzen nicht absprechen will;) sondern er gewöhnte sich in der Fabel selbst das Wesentliche vom Unnöthigen zu unterscheiden, die ganze Situation derselben praktisch anzusehen und die brauchbarste seiner Seelenkräfte, die analogische Erfindungskraft zu üben. In jedem Stande des Lebens ist uns diese unentbehrlich. Die Seele fragt sich unaufhörlich bei jeder neuen Situation, in der sie sich findet: „bist du in ihr oder in einer ähnlichen gewesen? hast du sie be=

andern bemerkt und wie benahmen sich diese?"

Zu Bildung solcher praktischen Klugheit erfand Aesop seine Fabeln: nicht zum Behuf der Abstraktion einer allgemeinen moralischen Wahrheit. Er lehrte die Menschen, sich durch Erinnerung ähnlicher Fälle zurecht zu finden im Leben und legte ihnen in seinen Erfindungen dergleichen ihrer Situation zutreffende Fälle vor. Den Sinn derselben ließ er sie selbst abstrahiren und auf ihre jetzige Lage anwenden; so war nicht nur ihr Räthsel enträthselt, sondern ihre Seele ward auch gewöhnt, in andern Fällen eben so zu denken, sich ähnlicher Vorfälle zu erinnern und aus ihnen Belehrung, Rath, Trost herzuholen. Ich kenne keine nützlichere Bildung menschlicher Seelenkräfte, als diese Uebung der Analogie, ähnliche Fälle zu erdenken und in ihnen das Aehnliche auf treffende Art genau zu bezeichnen. Nicht etwa nur die innere Möglichkeit eines gegebenen Falls wird dadurch anschaulich gemacht und zur

Anwendung seiner, als einer Erfahrung, der Weg aufs Gerathewohl gebahnt; man bahnet sich dadurch zugleich den sichern Weg, vielen Situationen allgemeine, veste Gesetze zu erfinden; und kommt also aus dem Lande der Dichtung ins Land der gewissesten Wahrheit. In allen Wissenschaften sind die größten Erfindungen nur durch Analogieen gemacht worden: man dachte sich mehrere ähnliche Fälle und machte Versuche; man verglich die Folge dieser Versuche und führte sie auf allgemeine Begriffe, zuletzt auf ein Hauptprincipium zurück, und wenn dies auf jeden der gegebnen analogischen Fälle paßte: so war die Wissenschaft erfunden. Ein Gleiches ists auch mit den treflichen Köpfen, die man im gemeinen Leben nicht gnug zu schätzen weiß. Sie wissen sich zu helfen; d. i. sie haben ähnliche Fälle erlebt, oder dichten sich solche in der größten Schnelle und treffen den Ausgang. Diese praktische Klugheit sowohl für die Wissenschaft als für das Leben zu bilden, ist das Werk der Erziehung und Aesops Lehrart ist dazu eine gute Schule. Die Lehrart des ältern Aesops nämlich; und ihr zufolge sehe man bei der Fabel vorzüglich dahin, daß man bei ihr nicht etwa blos die Lehre abstrahire, d. i. auf halbem Wege stehen bleibe; sondern daß man der ganzen Fabelsituation sammt ihrer Lehre einen congruenten Fall der Anwendung erfinde: dann erst ist das ganze Fabelgebäude fertig. — Hiernach ergiebt sich auch die fünfte Frage:

5. Wie muß die Handlung der Fabel beschaffen seyn? Ists gnug, daß das Ganze, das sie erzählt, blos eine Folge von Veränderungen sei, deren jede dazu beiträgt, den moralischen Lehrsatz der Fabel anschauend zu zeigen? oder muß sie auch in der Fabel wirkliche Handlung d. i. eine Verän-

derung der Seele mit Wahl und Absicht seyn? 1)

Es ist leicht zu sehen, woher der Unterschied
dieser Meinungen komme und wie er einzig geho-
ben werden könne? Erfanden Aesop und seine
Brüder ihre Fabel für eine wirkliche Situation
des Lebens, in welcher gehandelt werden mußte; so konnte die Fabel nicht anders als eine analo-
ge Handlung schildern, die den Zweifelnden belehrte. Offenbar war hier eine ähnliche Bestimmung der Seele mit Wahl und Entschluß;
in einer ähnlichen Situation vorzustellen nöthig.
Die meisten Fabeln der Alten sind also, ihrer
Einfalt ungeachtet, selten ohne eine wirkliche
Handlung, da ja eben diese zu einer ihr ähnlichen Bestimmung der Seele als ein Spiegel dienen sollte. — Der Kürze halben wollen wir die-

1) Das Erste ist Leßings, das Andre Breitingers,
Bodmers und andrer Theoristen Meinung.

se praktische oder um des Aphthonius Einthei-
lung beizubehalten, ſittliche Fabeln nennen.

Unläugbar iſts aber auch, daß ſelbſt unter den
Alten viele Fabeln erſcheinen, die blos einen Er-
fahrungsſatz anſchaulich machen. Ihr Amt iſt
alſo nur, eine Situation zu dichten, wo ein ſolcher in ſeinen Veranlaſſungen und Folgen gezeigt
wird. Und was hinderte uns, dieſe theoretiſche
oder nach dem Aphtonius, vernünftige, lo-
giſche Fabeln zu nennen? In ihnen kommt
auch eine Handlung vor; aber in einem weitern
Verſtande. Mehrere wirkende Weſen können
an ihr Theil nehmen, da ſie im Grunde nichts
als eine Begebenheit, ein Ereigniß (evene-
ment) ſeyn darf, das uns den Erfahrungs-
ſatz klar und vollſtändig vorſtellt.

Die neuern Fabeldichter haben das Feld der
Fabel noch mehr erweitert. Da ſie nicht für
wirkliche Situationen des Lebens dichteten und

Ueber Bild, Dichtung und Fabel. 159

also weder eine praktische Lehre, noch einen unmittelbaren Erfahrungssatz anschaulich machen wollten: so begnügten sie sich oft mit einer Speculation, einem ästhetischen Urtheil, einer feinen Bemerkung, für welche sie einige veranlassende Umstände herbeiführten und sie am Ende einem der Fabelwesen in den Mund legten. Ich habe nichts dagegen, daß man diese Fabel-Gattung **philosophische** oder **Conversationsfabeln** nennt: sie können viel Feines und Nützliches enthalten; selten aber wird die feine Bemerkung dieser Art in der gedichteten Situation selbst völlig anschaubar gemacht worden seyn, daß sie aus ihr durch eine Art innerer Nothwendigkeit folge. Eine Reihe von veranlassenden Umständen, oft nur eine Gedankenfolge ist in ihr zusammengestellt, damit die feine Bemerkung Stelle und Ort finde. Ich zweifle, daß Aristoteles diese Situationen für äsopische Fabeln erkennen würde; den Namen sinnreicher Dichtungen aber würde er ihnen gewiß nicht versagen. Und verlören sie mit diesem Namen?

Leicht wird sich hieraus auch beurtheilen lassen, wiefern man der Fabel Allegorie zuschreiben oder von ihr sagen könne, daß ein allgemeiner Satz in ihre Dichtung eingekleidet worden sei? m) Ist jede Fabel eigentlich eine zusammengesetzte Fabel, da für einen gegebnen Fall des wirklichen Lebens ein anderer, ihm congruenter erdichtet wird; so kann diese Congruenz in der Sprache der Alten allerdings Allegorie genannt werden. In jedem von beiden Fällen ist nämlich

---

m) Leßing war gegen Beides, sowohl gegen die Allegorie der Fabel, als die Einkleidung der Lehre, für welche er das unstreitig treffendere Wort der Anschauung oder der anschauenden Erkänntniß wählte. S. 118. — 114. In Bodmers undsopischen Fabeln S. 231. ist der Leßingschen Theorie zwar widersprochen: wenige Punkte derselben aber sind, wie es mir scheint, widerlegt worden, auch wo diese die Widerlegung selbst mit sich führten.

Ueber Bild, Dichtung und Fabel. 161

der Erfahrungssatz oder die praktische Lehre anschaubar, mithin wird wirklich Eine Handlung oder Begebenheit zur Anwendung für eine Andre als Allegorie gedichtet. — — Daß wenn unwichtige Erfahrungssätze eingekleidet oder alberne Mährchen zu nützlichen Lehren allegorisirt werden, auch alberne Allegorieen daher entstehen müssen, ist unzweifelhaft; die Schuld dieses Fehlers aber liegt am Bearbeitenden, der so schlechte Materialien wählte, nicht aber am Wesen der Kunst seiner Bearbeitung. — Gleichergestalt ist das Wort, **Einkleidung,** der Fabel eigentlich nicht anstößig; es steht auch der **anschauenden Erkänntniß** nicht entgegen. Von uralten Zeiten an hat man den Ausdruck geliebt, daß die Wahrheit, die sich selten nackt zeigen dürfe, sich angenehmer und anständiger **einkleide.** Die besten Fabeldichter haben sich diese Idee zum Zweck gesetzt n) und fanden sich glücklich, wenn sie der nack-

n) **Gleims, Lichtwehrs** und a. erste Fabel.

8

ten Vertriebnen ein etwanniges Gewand verschaft hatten, in welchem sie unerwartet, oder unerkannt erschiene und desto mehr gefiele. Nur ungeschickte Hände warens, die sie unter diesem Gewande ganz unkänntlich machten, die ihr jene schwere gothische Drapperie zuschnitten und mit tausend Falten, mit einer langen Schleppe von Lehren und einem ganzen Markt von Zierrathen ihre schönen Glieder krümmten. Unmöglich aber kann diese Galla-Tracht der Wahrheit, wie Gleim sie nennet, jenes durchsichtige Koische Gewand verrufen, das alle ihre Glieder und ihren ganzen Wuchs im schönsten Ebenmaas zeiget. Selbst das härtere Wort Verkleidung ist einer gewissen Gattung von Fabeln nicht unanständig, deren Zweck es eben war, den Sinn der Erdichtung eine Zeitlang aufzuhalten und zu verbergen, damit er am Ende der Erzählung auf einmal desto größere Wirkung thäte. Oft ging diese Verkleidung zweckmäßig soweit, daß der Dichter dem

Zuhörer selbst mußte entkleiden helfen und ihm, wie Nathan dem David zurief:

— mutato nomine de te
fabula narratur —

Und wiewohl ich diese Verhüllung nicht unbedingt vertheidigen mag: so können doch Umstände eintreten, wo eben sie durch ihre Täuschung mehr Herzen gewinnet, als die nacktere Wahrheit je würde gewonnen haben. Hoc amat obscurum; amat hoc sub luce videri —

Endlich wundre ich mich, wie den scharfsinnigsten Untersuchern der Fabeltheorie gerade der Punkt entgangen sei, auf den es doch, wie mich dünkt, bei dieser Dichtung am meisten ankommt. —

6. **Beispiel, Parabel und Fabel, wie sind sie von einander unterschieden? und worauf beruht die vorzügliche Kraft der Fabel vor jenen beiden?**

Hat nicht auch das Exempel seine Wirklichkeit und stellet einen Erfahrungssatz oder eine Lehre anschauend vor? Wird nicht auch die Parabel als ein wirklicher Fall erzählet?

Allerdings; und dennoch kann das Beispiel der Geschichte nur **zum Zeugniß der Möglichkeit einer Sache** dienen, so lehrreich und aufmunternd es uns übrigens auch seyn möge. Immer bleibt bei ihm der Zweifel übrig, ob unter tausend Fällen der Geschichte der damalige Fall auch der unsrige sei und ob wir ihm also sicher folgen mögen. Zween Rednern, die Fälle der Geschichte anführen, wird es selten schwer seyn, **gegenseitige** Beispiele anzuziehen und die Wirkung des Einen durch das Andre wo nicht zu vernichten, so doch zu schwächen und zu mindern: denn in der vollen Urne der Geschichtszufälle, die Alles ausschüttet, ist zu rechter Zeit und Stunde alles Mögliche möglich.

Ueber Bild, Dichtung und Fabel.

———

Die Parabel geht dem Beispiel zur Seite: denn sie ist nur ein erdichteter Fall aus der **menschlichen** Geschichte, der sich also zwischen Dichtung und Wahrheit in der Mitte verliert. Was fehlet also beiden, dem Beispiel und der Parabel am Ueberzeugenden der äsopischen Fabel? Das Hauptstück der letztern, die **innere Nothwendigkeit der Sache selbst** fehlt ihnen, durch welche sich eine Fabel vom Beispiel, von der Parabel und von allen andern Dichtungen auszeichnet. Ein Beispiel erläutert; aber es zwinget, es überzeugt nicht. Eine Parabel macht wahrscheinlich; aber auch ihr fehlt der Punkt der innern Gewißheit, der hier entscheidet. Andre Dichtungen können empfehlen; die Fabel allein bringet unausweichlich, weil sie uns die innere Nothwendigkeit der zu beginnenden Handlung oder des Erfahrungssatzes anschauend zeigt.

Und wodurch zeigt sich dies? Eben durch den Charakter der Wesen, die sie handeln läßt;

es mögen Götter und Dämonen, oder Bäume, Thiere, Pflanzen seyn und was sonst zur Natur gehöret: denn eben sie führt die Fabel wirkend oder redend ein, damit sie dem Trüglichen des Beispiels, dem Mangelhaften der Parabel entweiche und uns durch diese handelnde Naturwesen die **moralischen Gesetze der Schöpfung** selbst in ihrer innern Nothwendigkeit zeige. Der Charakter dieser Wesen nämlich und ihr Verhältniß gegen einander ist durch die Natur bestimmt: sie handeln in diesem Charakter und müssen in ihm handeln, nicht aus Willkühr, sondern aus Nothwendigkeit ($\varepsilon\xi$ $\alpha\nu\alpha\gamma\kappa\eta\varsigma$.) Er gehet fort durch ihr Leben und kein Geschlecht kann ihn ändern. Da er nun zugleich stark ausgeprägt und nicht wie bei dem Menschen unbestimmt, wandelbar und versteckt ist; da ihn jedermann, auch ein Kind, kennet und von Jugend auf mit dem Namen und mit der Gestalt des Gottes, des Baums und Thieres auch sein inneres Gepräge, ja mit der Geschichte desselben zugleich sein unwandelbares Schicksal verbindet: so ist's eben die Fabel, die uns jetzt eine Lehre, jetzt einen Erfahrungssatz aus dieser Geschichte als nothwendig darstellt; mithin von den ewigen Gesetztafeln der Natur uns ein Wort oder eine Sylbe unauslöschlich ins Gemüth präget. Eine Fabel, die diesen Zweck nicht erreicht (und viele irren weit von demselben) kann zwar als ein erläuterndes Beispiel, als eine uns zuredende Parabel, als eine Zeitkürzende Erzählung gelten; das hohe Ziel ihrer Gattung aber hat sie verfehlet. Denn wozu die mühsame Dichtung? wozu der ganze Apparat neugeschaffner Wesen und ihrer Verhältnisse zu einander, wenn durch sie nicht etwas gelehrt und mit eiuer Kraft anschaulich gemacht werden könnte, wie solches uns weder Geschichte noch Parabel zu lehren vermöchte?"

Zum Beweise meines Satzes liegt das ganze Feld der erlesensten Fabeln vor mir und ich habe Mühe zu wählen. Wenn es hier auf eine willkührliche, kleinfügige Menschen-Moral ankäme, welchem Guten könnte nicht ein Uebel, welcher zu befolgenden Pflicht nicht eine andre entgegen gesetzt werden, die sich eben sowohl im Reich handelnder Wesen zeigte? So könnte man durch das Beispiel des Habichts, des Hechts und andrer königlichen Würger den Bürgern der Erde fein-äsopisch schmeicheln, durch das Beispiel des Sperlings die Wohllust und gar wie jener Weltweise es that, durchs Vorbild des Schweins die unveränderliche Gemüthsruhe des Weisen empfehlen; sobald es nämlich auf nichts als auf herausgerissene Beispiele von Thierhandlungen ankäme, die sich allesammt schon dadurch entkräften, daß der Mensch weder Hecht noch Habicht, noch Sau noch Sperling ist und seyn soll. Also kommt es hier auf höhere, allgemeine Naturgesetze, auf die unwandelbare Verbindung der Wesen im Reich der Schöpfung an, wo kein Glied der Kette entweichen, wo jedes aber an seiner Stelle thun soll, was es zu thun vermag. Daß z. B. der Mächtigere den Schwächern drücke und verzehre, ist eine traurige Bemerkung der Naturgeschichte; daß aber auch der Schwächere sich schützen könne gegen den Starken; daß Verstand, Fleiß, Klugheit und Tüchtigkeit oft mehr als die blinde Macht gelte, daß jedes Geschöpf seine Mängel und Vorzüge, sein Glück und Unglück habe, daß jedes also, mit seiner Natur zufrieden, die Natur keines andern begehren müsse und alles glücklich sey, wenn es seinem Loose auf Erden treu bleibt; welche schöne Dichtungen hierüber haben wir in der Fabel! Dichtungen, die als Anschauungen der Natur, als Beweise der höchsten, der innern Nothwendigkeit gelten können und als solche von Dichtern ausgemahlt sind. Das Kind lernet sie und drückt sie sich ein; es empfängt mit dieser sinnpeln Anschauung ein Naturgesetz Gottes in seine Seele, nach welchem es in seinem Kreise gleichfalls handeln soll. Wie manche schöne Fabel haben wir darüber, daß wer keinen Verstand braucht, nothwendig zu Grunde gehe; daß wer nach fremden Vorzügen trachtet, die seinigen schändlich aufopfere; daß wer dem andern eine Grube gräbt, sie sich selbst bereite; daß in der ganzen Natur ein Gesetz der Wiedervergeltung herrsche, mithin wer da hasset, gehaßt, wer verfolget, verfolgt werde; daß Falschheit, Tücke und Arglist überall niederträchtig, hingegen Wahrheit, Liebe, Geselligkeit, Treue und Ordnung, die Beobachtung der väterlichen, mütterlichen, kindlichen, freundschaftlichen, häuslichen und Gesellschaftspflichten ein allgemeines, ersprießliches Gesetz der Natur sei u. f. In vielfacher Rücksicht sind Thiere hier über die unbefangensten Lehrer der Menschheit:

Ueber Bild, Dichtung und Fabel.

denn sie reden und handeln ohne Willkühr, gleichsam nur als Organe des Schöpfers. Wenn sie also den Menschen zur Zufriedenheit auf seiner Stelle, zum Fleiß und zu jeder Ausbildung seines Daseyns, zur Klugheit, Billigkeit, Treue, Gesolligkeit, Großmuth antreiben: so ist's, als ob ihm der Schöpfer durch alle Stimmen der Natur dies selbst geböte. Daher weilt auch die Fabel sogern im Kreise der Thiere: denn tiefer hinunter werden uns die Naturgesetze dunkler, unsere Aehnlichkeit und Sympathie mit diesen niedrigen Classen vermindert sich und höher hinauf verschwinden die Naturgesetze in den Wolken. In den Fabeln Aesops kommen also auch die Götter meistens nur als Entscheider des Schicksals vor, wo es bei widerwärtigen Fällen der Natur nicht wohl anders als durch sie kurz und anschaulich entschieden werden konnte. So erscheint auch der Mensch in ihnen, bald als ein niedrigeres, bald als ein höheres Wesen gegen die Thiere; immer aber, seinem ganzen Habitus nach, als ein bloßes Naturwesen. Solche Gesetze des ewigen Systems der Dinge macht uns die Fabel anschaulich und eben in ihnen ist sie am glücklichsten. Alles was in der Welt willkührlich ist, es möge zur gesellschaftlichen oder politischen, zur häuslichen, gelehrten oder artigen Welt gehören, ist nicht für diese Lehrerin reiner Verhältnisse, die fabelnde Naturmuse; sie läßt solches ihrer jüngern Schwester, der Conversationserzählung, und lässets ihr gern.

Wie ich nun wünschte, daß diese reine Naturfabeln, die uns ihren Erfahrungssatz oder ihre praktische Lehre nach einer innern Nothwendigkeit derselben anschaulich machen, aus allen Nationen und Sprachen gesammlet würden: so bin ich auch überzeugt, daß diese Quelle bei weitem noch nicht erschöpft, dies Feld bei weitem noch nicht ganz geerndtet sei. — Oft sind schöne Er=

dichtungen schlecht vorgetragen, oft die schlechsten Privatvorfälle der Welt aufs zierlichste und schönste erzählet. Für diesen Ort ists gnug, den reinen Begriff der äsopischen Fabel entwickelt zu haben, nach welchem sie

eine Dichtung ist,
die für einen gegebnen Fall des menschlichen Lebens
in einem andern congruenten Falle
einen allgemeinen Erfahrungssatz oder
eine praktische Lehre
nach innerer Nothwendigkeit derselben
so anschaulich macht,
daß die Seele nicht etwa nur überredet;
sondern Kraft der vorgestellten Wahrheit selbst
sinnlich überzeugt werde.

Anhang.

Damit es nicht scheine, daß ich meine Fabeltheorie nur aufgestellt habe, um mich von meinen Vorgängern zu unterscheiden; so will ich aus dem größten Theoristen aller Zeiten, dem Aristoteles darthun, daß die Seinige schwerlich eine andre hätte seyn können, wenn er diese Dichtungsart selbst zu behandeln werth gefunden hätte.

Er denkt an die äsopische Fabel in seiner Rhetorik o) und man hat daraus geschlossen, daß er sie eigentlich nicht für Poesie halte; ein gewagter Schluß, der im griechischen Philosophen keinen Grund findet. In seiner Rhetorik konnte

o) L. 2. c. 20.

er sie nur als ein rhetorisches Werkzeug betrachten; er behandelt sie also nur als ein Beispiel und begnügt sich daher, sie vom eigentlich=historischen Exempel blos sofern zu unterscheiden, als mit ihnen beiden in einer öffentlichen Berathschlagung Beweis geführt werden sollte. Hier mußte er nothwendig dem historischen Beispiel den Vorzug geben und zwar nur aus dem Grunde, daß es zur Berathschlagung brauchbarer sei, weil das Zukünftige in Vielem dem Vergangenen ähnlich befunden werde und man daher vorzüglich aus der Geschichte Beispiele brauchen müsse, wo dem Ueberredenden Beweisgründe fehlen. Vorsichtig giebt er also den Rath, daß wenn man Beweisgründe habe, man ihnen die Beispiele nicht vorsetzen dürfe, als ob man einen Beweis aus der Induction führen wolle; vielmehr müßten sie nur als Zeugnisse den Beweisen folgen. Der Fabel konnte er in diesem Felde durchaus keinen andern Platz anweisen, als daß man sie brauche, wo Beispiele der Geschichte fehlen und setzt ihren Vorzug nur dahin, daß, weil man sie erfinden könne, sie uns auch dann nicht verlasse, wenn uns die Geschichte verläßt; ja da sie sich auf den gemeinen Glauben gründet, sie in solchem Fall auch demegorisch, d. i. zur Ueberredung des Volks brauchbar werde.

So spricht Aristoteles von der Fabel in seiner Rhetorik, und ich sehe nicht, wie er von ihr als einem Rednerbeweise anders sprechen konnte; um so sonderbarer ists aber, daß man entweder aus dieser Stelle das ganze Wesen der Fabel entwickeln zu können glaubte, oder den Aristoteles Schuld gab, daß ers schlecht entwickelt habe. Er ist hier soweit davon entfernt, daß er die Fabel nicht einmal erklärt, indem er nur von einem einzigen, dazu außerwesentlichen Gebrauch derselben redet: denn für öffentliche Staatsreden in Griechenland ist sie doch gewiß nicht zuerst und vorzüglich erfunden worden. Wenn man also den griechischen Philosophen auf der Einen Seite tadelt, daß er die Fabel zum blos historischen Beispiel erniedrige; und auf der andern ihm nachspricht, daß die äsopische Fabel nur Beispiel sei und als Beispiel wirke: so thut man ihm, wie mich dünkt, beidemal Unrecht. b) Er spricht hier nur als Rhetoriker, nicht als Philosoph der Dichtung.

Zu seiner Poëtik muß man gehen, wenn man seine Begriffe vom eigentlichen Wesen der Dichtkunst erfahren will; und ob er wohl in diesem uns mangelhaft zugekommenen Werk von der äsopischen Fabel selbst nicht redet: so redet er doch von der Dichtung (μυθος) überhaupt und von ihr in Ansehung des Trauerspiels sehr genau und ausführlich. Wir dürfen also nur alles, was der Tragödie eigenthümlich ist, weglassen: so wird

---

b) Jenes ist Lessings, dieses ist Bodmers Meinung.

die Natur der Dichtung offenbar, worauf sich solche auch beziehen möge.

Allgemein also sagt er: e) „der Geschichtschreiber und der Dichter unterscheiden sich nicht durchs Sylbenmaas, sondern dadurch von einander, daß der Geschichtschreiber erzählt, was geschehen sei, der Dichter, welcher Art Dinge geschehen mögen. Die Dichtkunst sei deßhalb philosophischer und Lehrreicher als die Geschichte, weil sie mehr das Allgemeine (τα καϑολυ) vorträgt, da die Geschichte sich an das Einzelne halte. (τα καϑ' εκαϛον.) Allgemein aber nennet er das, wenn anschaulich gemacht wird, wie einem Solchen ein Solches, d. i. einem Jeden das Seine zutreffe, oder wie man nach innerer Wahrscheinlichkeit oder der Nothwendigkeit handle. Dahin ziele die Poesie, auch wenn sie den Personen besondre Namen beilegt; mithin bestehet

---

e) Poëtic c. 9.

der Unterschied des Dichters und des Geschichtschreibers darinn, daß dieser sagt was geschehen sei, jener **wie es geschehen könne und möge, nach der Wahrscheinlichkeit oder der Nothwendigkeit selbst.**" Goldne Worte, die uns auf einmal auch bei der äsopischen Fabel nicht nur ihren Unterschied vom historischen Beispiel, sondern zugleich den reinen höchsten Zweck anzeigen, zu welchem eine Fabel gedichtet werden soll. Die innere Wahrscheinlichkeit oder die Nothwendigkeit selbst soll das Gewicht seyn, das bei der erdichteten Handlung zeigt, nicht blos **Was**, sondern auch **Wie** es geschehen möge. (οἴκ γένοιτο.) Und eben deßwegen ist die Fabel philosophischer und lehrreicher als alle Beispiele der Geschichte. Sie geht auf das Veste und Allgemeine, daß wenn **So etwas** gegeben sei, wahrscheinlich oder nothwendig **So etwas** folge; das Beispiel der Geschichte schildert nur einen einzelnen Fall, dem nicht anders als nach dem zweifelhaften Maas der Aehnlichkeit die Anwendung auf andere Fälle zustehet. Für meinen gegenwärtigen Fall aber ist durch die Fabel das οιον γενοιτο κατα το εικος η το αναγκαιον congruent gedichtet worden, so daß sich, wie in der Geometrie, die beiden Fälle decken, mithin gleich sind.

Aus diesem Hauptbegriff, den Aristoteles von der Dichtung giebt, wird sich alles bestätigen, was ich von der Natur der Fabel entwickelt habe. „Nachahmung, sagt er, d) ist ein dem Menschen eingepflanzter Trieb, der sich von Kindheit auf bei ihm zeigt: er unterscheidet sich eben dadurch von andern Thieren, daß er nachahmender ist als sie. Die ersten Begriffe erwirbt er sich durch Nachahmung und freuet sich, wenn er nachgeahmte Dinge sieht. Ein Zeichen hievon ist das Vergnügen, das wir bei Kunstwerken empfinden.

d) Poetic. c. 4.

Dinge, deren Anblick uns in der Natur unangenehm ist, sehen wir in der genauſten Kunſtnachahmung mit Freuden. Dies zeigt, daß Lernen nicht für Philoſophen allein das Süßeſte iſt, ſondern auch für andre, obgleich nicht in demſelben Maaße. Denn ſie freuen ſich deshalb, wenn ſie Bilder anſchauen, weil der Anſchauende lernt und ſchließt, was Jedes ſei? wie es ſo ſei und nicht anders? Träfe es ſich aber, daß er den vorgeſtellten Gegenſtand vorher noch nicht geſehen hätte: ſo würde ſeine Freude nicht aus der Nachahmung deſſelben, ſondern aus der Kunſt des Werks, der Farbe oder aus einer ähnlichen Urſache entſpringen."

Auf dieſen ſo oft mißverſtandenen Begriff der Nachahmung, d. i. der künſtlichen Darſtellung und der Uebung unſrer Vernunft in Anerkennung der Gegenſtände, in freudiger Anſchauung des Aehnlichen u. ſ. bauet der philoſophiſche Grieche ſein Gebäude der Dichtkunſt; und könnte der Ursprung aller menschlichen Dichtung, jener wirksame Trieb in uns, Analogieen zu schaffen, mit innerem Vergnügen sie anzuerkennen und jedesmal dadurch seine Begriffe zu erweitern, zu üben, zu stärken, in einer allgemeinern Quelle gesucht werden? Auch der äsopischen Fabel ist also Analogie die Mutter; nicht Abstraction, nicht eine leere Reduction vom Allgemeinen aufs Besondre. Fabeln, die auf dem letztern Wege erfunden wurden, sind meistens todte Fabeln; dagegen die Dichtungen der Analogie in jedem Gliede leben. Auch die Freude des Zuhörers bei dieser Dichtung, seine Freude beim Anerkennen des ähnlichen Falls und sein unvermerktes, williges Lernen der eingekleideten Lehre erklärt sich aus dem Aristotelischen Grundsatz vortreflich; dagegen die Abstraction und Reduction nichts erkläret. Der Mensch ist ein nachahmendes Thier: er freuet sich also über die Fabel nicht nur als über ein nachgeahmtes Kunstwerk, sondern als über eine geheime Anleitung, durch welche er theoretisch oder praktisch selbst nachahmen lernet. Die Thiere haben ihn alles gelehrt; jetzt lernt er von ihnen auch Weisheit.

* * *

Weiter will ich mich nicht ins Einzelne einlassen, und was Aristoteles von der Handlung, den Sitten, dem Ausdruck, den Meinungen der dramatischen Dichtung sagt, e) auf die Dichtung überhaupt und auf einen kleinen Bezirk derselben, die äsopische Fabel, nicht anwenden. Auch bei dieser müssen die Begebenheiten verknüpft, die Charaktere der Handelnden beobachtet, die Meinungen, die sie äußern, ihrer Natur gemäß und in den Umständen der Handlung gegründet, der Ausdruck der Fabel ihrem Zweck angemessen seyn u. f. Gleichergestalt hat die Handlung

---

e) Poëtic. c. 6. 7. 8.

der äsopischen Fabel ihre Größe, ihr Ganzes, ihre Schönheit; auf die Zeichnung derselben kommt mehr an, als auf jeden andern Schmuck in Worten, in Beschreibungen, selbst in Ausmahlung des Charakters der Thiere; geschweige in jenen fehlerhaften Episoden, die uns von der Sache selbst abführen und nicht diese allein, sondern jede andre anschaubare Dichtung verunzieren. Kurz, was Aristoteles von seiner höchsten, d. i. der dramatischen Dichtung sagt, gilt, seinem allgemeinen Geist nach, Zug vor Zug auch von der niedrigsten regelmäßigen Dichtung; welches eben die beneidenswürdige Genauigkeit seiner Theorie zeiget.

* * *

In Ansehung des Sylbenmaaßes bin ich ebenfalls von Aristoteles Meinung. f) Das Sylbenmaas allein macht kein Gedicht, sondern die Nachahmung, ob er wohl auch jenes sowohl sei-

f) Poëtic c. 1.

Ueber Bild, Dichtung und Fabel.

nem Ursprunge, als seiner Wirkung nach sehr glücklich erklärt hat. Auch in ungebundener Rede (λογοις ψιλοις) läßt er selbst eine Epopee gelten und erkennet die Minen des Sophrons und Xenarchus, die Fabeln des Sokrates (Σωκρατικυς λογυς) und alle übrige Nachahmungen vor Gedichte, die jemand z. B. in jambische, elegische und andere Versarten bringen könnte. Das Sylbenmaas allein entscheidet ihm nicht; er ist aber dafür, daß man mit dem Dichten (ποιειν) geschickte Metra verbinde, und redet von den heroischen und jambischen Versen sehr richtig. Die griechische Muse hatte diese Regel gleichfalls in sich. Man kam bald darauf, auch der äsopischen Fabel den Schmuck eines Sylbenmaaßes zu geben, der ihre Wirkung nicht schwächete, sondern erhübe. Das älteste dieser Art war, wie wir aus Hesiodus sehen, das heroische; es hat einen abgemessenen, simpeln rastlosen Schritt, und daß mehrere Fabeln

Aesops von einem Griechen selbst in diese Versart eingekleidet gewesen, sehen wir aus Fragmenten beim Suidas. Noch besser aber schickte sich der Choliamb zur Fabel, weil er der ungeschmückten, simpeln Erzählung näher trat, und mit der größten Klarheit den schönsten Wohlklang verband. Reste von den Fabeln des sogenannten Babrius zeigen dies unwidersprechlich; g) und hätten wir ihn ganz, wer würde die Prose unsrer griechischen Fabel lesen, die nicht Aesops son-

g) S. *Tyrwhitt*. diff. de Babrio. edit Harlef. Erlang. 1785. Ich glaube übrigens nicht, daß dieser schöne Versificator Babrius geheißen habe, welches kein Griechischer Name ist; wahrscheinlich ist sein Name Valerius gewesen, und die Fabeln haben Βαλεριϰ λογοι oder μυθοι geheißen. In einem Manuscript das Tyrwhitt anführt, (p. 86. edit. Harlef.) steht auch dieser Name, und es ist Schade, daß man eben dasselbst den wahrscheinlich lateinischen Vornamen dieses Valerius zu enträthseln nicht für werth geachtet hat. Gewiß brächte uns diese Spur um einen großen Schritt näher, wer dieser seynsollende Babrius gewesen?

Ueber Bild, Dichtung und Fabel. 187

fern der Grammatiker Prose ist, die größtentheils ungleich schönere versifizirte Fabeln in sie aufgelöset haben. Der Glückliche, der uns den ächten Babrius fände, hätte der Litteratur ein trefliches Geschenk gemacht: denn die zwei oder drei ganze Fabeln, die man von ihm hat, z. B. die Nachtigall und Schwalbe, die Ameise und Cicada, das Gefäß worinn nichts als die Hofnung blieb, h) und jedes kleine andre Fragment,

h) Tyrwhitt de Babr. p. 46. 48. 69. Da die Fabeln kurz sind, will ich für einige Leser zur angenehmen Probe zwei derselben hersetzen.

Ζευς εν πιθω τα χρησα παντα συλλεξας
Εθηκεν αυτον πωμασας παρ ανθρωπω.
Ο δ' ακρατης ανθρωπος, ειδεναι σπευδων
Τι ποτ' ην εν αυτω, και το πωμα κινησας,
Διηκ' απελθειν αυτα προς θεων οικες,
Κακει πετεθαι, της δε γης ανω φευγειν.
Μονη δ' εμεινεν Ελπις ην κατειληφε
Τεθεν το πωμα. τοιγαρ Ελπις ανθρωποις

haben beim schönsten Wohlklange eine so süße
Einfalt, daß der schöne, aber oft gezwungene Phä-

Μονη συνεςι, των πεφευγοτων ημας
Αγαθων εκαςον εγγυωμενη δωσειν.

* * *

Αηδων και Χελιδων.

Αγρε Χελιδων μακραν εξεποτηθη,
Ευρεν δ' ερημαις εγκαθημενην ὑλαις
Αηδον' οξυφωνον ἡδ' απεθρηνει
Τον Ιτυν αωρον εκπεσοντα της ωρης.
Χ' ἡ μεν Χελιδων φησι, φιλτατη, ζωοις.
Πρωτον βλεπω σε σημερον μετα Θρακην.
Αλλ' ελθ' ες αγρον και προς οικον ανθρωπων.
Συσκηνος ἡμιν και φιλη κατοικησεις,
Ὁπε γεωργοις κ' εχι θηριοις ασεις.
Τῃνδ' αυτ' Αηδων οξυφωνος ημειφθη.
Εα με πετραις εμμενειν αοικητοις.
Οικος δε μοι πας ἡ τε μιξις ανθρωπων
Μνἡμην παλαιων συμφορων αναφλεξει.

Eine der schönsten Fabeln, die ich in Einer Sprache
der Welt kenne. Wahrscheinlich ist die Schwalbe Lessings (S. 104. seiner Fabeln) aus ihr entstanden.

druß ihnen kaum zur Seite treten dürfte. Schade, daß dies griechische Sylbenmaas der Fabel
für die neuern Sprachen fast ganz unnachahm-
bar bleibet: seine zarte Abwechselung verliert sich
bei uns Deutschen größtentheils in einförmige
Jamben.

* * *

Nachstehende Dichtungen maßen sich keine
Stelle unter Aesops Fabeln an; vielmehr verbergen sie sich unter dem bescheidnern Namen der
Dichtungen aus Sagen. Denn aus Sagen oder aus der Geschichte alter morgenländischer Völker sind sie geschöpft; sie mußten also
auch in ihrer neuen Gestalt den Sitten und der
Vorstellungsart dieser Nationen treu bleiben,
selbst wo diese von der unsern sich weit entfernen.
Zum kindlichen Ton der Sage gehörte es auch,
daß sie kein poetisches Sylbenmaas hätten und
auf den Schmuck feinerer Völker überhaupt Ver-

zicht thäten. Sie stehen bescheiden als Fremblinge hier und erwarten die freundliche Willfährigkeit, die man Ausländern erweiset, daß man nämlich in ihre Denkart eingehe und sie nur nach ihren eignen Gesetzen richte.

III.
Blätter der Vorzeit.

Dichtungen aus der morgenländischen Sage.

Erste Sammlung.

Die Blätter der Vorzeit.

Im Hain der ältesten Sage irrte mein Geist umher und kam an die Pforte des Paradieses. „Was willst du, Sterblicher, hier?" sprach jene glänzende Wundergestalt, die den heiligen Garten bewachte; aber gemildert war ihr Glanz und statt des feurigen Schwertes hatte sie einen Palmzweig in ihrer menschlichen Hand.

„Die älteste Wohnung meines Geschlechts zu sehen, antwortete ich; den Baum des Lebens und den Baum der Erkänntniß und jene glücklichen Auen, auf welchen der Vater der Menschen von allem Lebendigen einst und von den Elohim selbst kindliche Weisheit lernte."

„Dies Paradies ist verblühet, sagte die Wundergestalt. In einem unsterblichen Garten ist der Baum des Lebens verpflanzt und der Baum der Erkänntniß blühet allen Völkern der Erde. Erkenne meine Gestalt." Der Cherub sprach's, berührend mich mit seinem Zweige und erhob sich in die Luft.

Welche Gestalt sah jetzt mein Auge! welche Stimmen der Schöpfung vernahm mein neu=geöfnetes Ohr! Alles Lebendige und die Könige seiner Geschlechter, Adler und Stier, Mensch und Löwe, sie trugen des Ewiglebenden Thron: Ein Glanz, Ein Lobgesang in rastloser Bewegung. Wohin der Adler flog, dahin keuchte der Stier, dahin wandte der Löwe sich; und der Mensch, ihr aller freundlicher und jüngstgebohrner Bruder, Er war der Priester der Natur, der Aller Stimmen und Opfer dem Ewiglebenden darbrachte; den heiligen Wagen der Erdeschöpfung lenkte

Er. Mein Geist zerfloß in Harmonie des Lobgesanges aller Wesen —

Da stand in milderem Glanz der Cherub wieder von mir. Der Palmzweig, der in seiner Rechte war, zerfiel: seine Blätter waren die unverwelklichen Blätter der ältesten Sage. „Empfange sie, sprach er, lies und deute sie deinen Brüdern." Das Gesicht verschwand.

Ich folge dem Wort der Wundergestalt, die, wie alle Gestalten, so alle Stimmen der Schöpfung in sich vereinet und jedes entschlafene Menschengeschlecht überlebt hat. Auf meiner Lippe sei die Sprache der alten Zeit; meine kindliche Sage athme den Hauch vom Zweige des Paradieses,

Licht und Liebe.

Im Anfange war alles wüst' und leer, ein kalter Meeresabgrund; die Elemente der Dinge lagen wild durch einander. Da wehete Lebenshauch vom Munde des Ewigen und brach des Eises Ketten und regte wie eine brütende Taube die erwärmenden Mutterflügel sanft.

In dunkler Tiefe regte sich alles jetzt, aufringend zur Geburt. Da erschien der Erstgeborne, das sanft erfreuende Licht.

Das holde Licht, vereint mit der Mutterliebe, die über den Wassern schwebete; sie schwangen sich auf zum Himmel und webten das goldene Blau: sie fuhren hinunter zur Tiefe und füllten mit Leben sie an: sie trugen die Erd' empor, einen Gottes-Altar, bestreuend sie mit immerverjüngten Blumen: den kleinsten Staub beseelten sie.

Und als sie Meer und Tiefen und Luft und Erde mit Leben erfüllet hatten, da standen sie rathschlagend still und sprachen zu einander: „Lasset uns Menschen schaffen, unser Bild; ein Gleichniß Deß, der Himmel und Erde durch Licht und Liebe schuf." Da fuhr Leben in den Staub; da stralte Licht des Menschen göttliches Antlitz an und Liebe wählete sein Herz zu ihrer stillen Wohnung.

Der ewige Vater sahs und nannte die Schöpfung gut; denn alles füllte, alles durchdrang sein immerwirkend Licht und seine holde Tochter, die belebende Liebe selbst.

* * *

Was murrst du, müßiger Weiser, und staunst die Welt, wie ein dunkles Chaos an? Das Chaos ist geordnet; ordne du dich selbst. Im wirkenden Leben nur ist Menschenfreude; in Licht und Liebe nur des Schöpfers Seligkeit.

Sonne und Mond.

Tochter der Schönheit, hüte vor Neide dich. Der Neid hat Engel vom Himmel gestürzt: er hat die holde Gestalt der Nacht, den schönen Mond verdunkelt.

* * *

Vom Rath des Ewigen ging die schaffende Stimme aus: „Zwei Lichter sollen am Firmamente glänzen, als Könige der Erde, Entscheider der rollenden Zeit."

Er sprach's; es ward. Auf ging die Sonne, das erste Licht. Wie ein Bräutigam am Morgen aus seiner Kammer tritt, wie der Held sich freuet auf seine Siegesbahn: so stand sie da, gekleidet in Gottes Glanz. Ein Kranz von allen Farben umfloß ihr Haupt: die Erde jauchzete: ihr dufteten die Kräuter: die Blumen schmückten sich —

Neidend stand das andre Licht und sah, daß es die Herrliche nicht zu überglänzen vermochte. "Was sollen, sprach sie murrend bei sich selbst; zwei Fürsten auf Einem Thron? Warum muß ich die Zweite und nicht die Erste seyn?" —

Und plötzlich schwand, vom innern Grame verjagt, ihr schönes Licht hinweg. Hinweg von ihr floß es weit in die Luft und ward das Heer der Sterne.

Wie eine Todte bleich stand Luna da, beschämt vor allen Himmlischen und weinte: "Erbarme dich, Vater der Wesen, erbarme dich!"

Und Gottes Engel stand vor der Finstern da; er sprach zu ihr des heiligen Schicksals Wort: "Weil du das Licht der Sonne beneidet hast, Unglückliche, so wirst du künftig nur von Ihrem Lichte glänzen; und wenn dort jene Erde vor dich tritt: so stehest du, halb oder ganz, verfinstert da wie jetzt.

ihn, sprach sie, Vater, zu Deinem Bilde selbst, ein Liebling Deiner Güte. — Wenn alle Deine Diener ihn verlassen, will ich ihn suchen und ihm liebend beistehn und seine Fehler selbst zum Guten lenken. Des Schwachen Herz will ich mitleidig machen und zum Erbarmen gegen Schwächere neigen. Wenn er vom Frieden und der Wahrheit irret, wenn er Gerechtigkeit und Billigkeit beleidigt: so sollen seines Irrthums Folgen selbst zurück ihn führen und mit Liebe bessern."

Der Vater der Menschen bildete den Menschen. Ein fehlbar schwaches Geschöpf; aber in Fehlern selbst ein Zögling seiner Güte, Sohn der Barmherzigkeit, Sohn einer Liebe, die nimmer ihn verläßt, ihn immer bessernd. —

Erinnere dich deines Ursprungs, Mensch, wenn du hart und unbillig bist. Von allen Gottes-Eigenschaften hat Barmherzigkeit zum Leben dich erwählt; und lebend reichte dir Erbarmung nur und Liebe die mütterliche Brust.

Die Gestalt der Menschen.

Der Schaffende stieg hernieder und alle Engel, die Fürsten der Elemente, sahen auf sein Werk.

Er rief dem Staube. Zusammenflog der Staub aus allen Theilen der Erde; der Engel der Erde sprach: „ein sterbliches Geschöpf wird dies Gebilde seyn, wo irgend auf Erden es lebt. Denn Erde ist es und muß zur Erde werden."

Er rief der himmlischen Wolke; sie feuchtete den Staub. Da wälzete sich der Thon und wölbete sich mit innern Gefäßen und Kammern. Und der Engel des Wassers sprach: „Du wirst der Nahrung bedürfen, künstliches Geschöpf; Hunger und Durst werden die Triebe deines Lebens werden."

Von innen formeten sich Adern und Gänge; von außen mancherlei Glieder und der Engel der Lebendigen sprach: „mancherlei Verlangen wirst du unterworfen seyn, kunstreich=schönes Gebilde, die Liebe deines Geschlechtes wird dich ziehen und treiben."

Da trat Jehovah zu ihm, mit seinen Töchtern, der Liebe und der Weisheit. Väterlich richtete er ihn auf und gab im Kuß ihm seinen unsterblichen Athem. Erhaben stand der Mensch und blickte freundlich umher: „Siehe, sprach der Schöpfer, alle Gewächse der Flur, alle Thiere des Feldes habe ich dir gegeben: dein Vaterland, die ganze Erde ist dein, daß Du sie verwaltest. Aber du selbst bist mein, dein Athem ist mein; ich nehme ihn dir, wenn deine Zeit kommt, wieder." —

Die Töchter Gottes, **Weisheit** und **Liebe** blieben bei ihm, dem neuen Gott der Erde. Sie unterrichteten ihn, lehreten ihn kennen Kräuter und Thiere; sie sprachen mit ihm als seine Gespielinnen und ihre Lust war bei dem Menschenkinde.

So lebet der Mensch hienieden seine Zeit: Dann sinket er zusammen und giebt zurück den Leib den Elementen, aus welchen er ward; aber sein Geist kehrt wieder zu Gott, der seinen Athem ihm im Vater-Kusse gegeben.

Der Weinstock.

Am Tage der Schöpfung rühmten die Bäume gegen einander, frohlockend ein jeglicher über sich selbst. „Mich hat der Herr gepflanzt, so sprach die erhabene Ceder; Vestigkeit und Wohlgeruch, Dauer und Stärke hat er in mir vereint." „Jehovahs Huld hat mich zum Segen gesetzt, so sprach der umschattende Palmbaum; Nutzen und Schönheit hat er in mir vermählet." Der Apfelbaum sprach: „wie ein Bräutigam unter den Jünglingen, prange ich unter den Bäumen des Paradieses." Und die Myrthe sprach: „wie unter den Dornen die Rose, stehe ich unter meinen Geschwistern, dem niedrigen Gesträuch." So rühmten alle, der Oel- und Feigenbaum, selbst die Fichte und Tanne rühmte sich. —

Der einzige Weinstock schwieg und sank zu Boden. „Mir, sprach er zu sich selbst, scheint

Blätter der Vorzeit.

Alles versagt zu seyn, Stamm und Aeste, Blüthen und Frucht; aber so wie ich bin, will ich noch hoffen und warten." Er sank danieder, und seine Zweige weinten.

Nicht lange wartete und weinte er; siehe da trat die Gottheit der Erde, der freundliche Mensch zu ihm. Er sah ein schwaches Gewächs, ein Spiel der Lüfte, das unter sich sank und Hülfe begehrete. Mitleidig richtete ers auf und schlang den zarten Baum an seine Laube. Froher spielten anjetzt die Lüfte mit seinen Reben, die Glut der Sonne durchdrang ihre harte grünende Körner, bereitend in ihnen den süßen Saft, den Trank für Götter und Menschen. Mit reichen Trauben geschmückt neigete bald der Weinstock sich zu seinem Herren nieder und dieser kostete seinen erquickenden Saft und nannte ihn seinen Freund. Die stolzen Bäume beneideten jetzt die schwanke Ranke: denn viele von ihnen stanter schon entfruchtet da; Er aber freuete sich seiner schlanken Gestalt und seiner harrenden Hoffnung.

Darum erfreut sein Saft noch jetzt des Menschen Herz und hebt empor den niedergesunkenen Muth und erquicket den Betrübten.

*   *   *

Verzage nicht, Verlassener, und harre duldend aus. Im unansehnlichen Rohre quillt der süßeste Saft; die schwache Rebe gebiert Begeisterung und Entzückung.

Die Bäume des Paradieses.

Als Gott den Menschen in sein Paradies führte, da neigeten sich vor ihm des Paradieses Bäume; jeder bot mit wehendem Wipfel dem Lieblinge Gottes seine Früchte dar, und seiner Zweige Schatten zur Erquickung. "O daß er mich erwählte, sprach der Palmbaum, ich wollte ihn speisen mit den Trauben meiner Brust, und mit dem Weine meines Safts ihn tränken. Von meinen Blättern wollt' ich ihm eine friedliche Hütte baun und überschatten ihn mit meinen Zweigen." "Mit meinen Blüthen wollte ich dich bestreuen, sprach der Apfelbaum, und laben dich mit meinen besten Früchten."

So alle Bäume des Paradieses; und Jehovah führete Adam freundlich hin zu ihnen, nannte ihm die Namen aller und erlaubte ihm den Genuß von allen, außer Einer Frucht vom Baum der Erkänntniß.

„Ein Baum der Erkänntniß? sprach der Mensch in sich. Alle andere Bäume geben mir nur irdische, leibliche Nahrung; und dieser Baum, der meinen Geist erhebt, der die Kräfte meines Gemüthes stärkt. Er wäre mir verboten?" Noch unterdrückte er den Gedanken zwar; als aber das Beispiel und die Stimme der Verführung zu ihm sprach, da kostete er von der bösen Frucht, deren Saft noch jetzt in unserm Herzen gähret.

Alle schätzen wir gering, was uns vergönnet ist und sehnen uns nach dem Verbotenen: wir wollen nicht glücklich seyn durch das, was wir schon sind; wir haschen nach Etwas, das über uns ist, hoch über unserm Kreise.

* * *

„Du hast den Menschen ein hartes Verbot gethan, sprachen die höheren Geister, als Gott wieder kehrte: denn was ist reizender einem Geschöpf, dem du Vernunft gegeben, als daß es Erkänntniß lerne? Und deshalb willst du ihn, der dein Gebot bald übertreten wird, mit dem Tode strafen?"

„Wartet, wie ich ihn strafen werde, sprach der Gütige: selbst auf dem Wege seines Irrthums, der mit Schmerzen der Reue ihn durch stechende Dornen führen wird, selbst dort geleit' ich ihn zu einem andern Baum, zum Baume eines höheren Paradieses."

Lilis und Eva.

Einsam ging Adam im Paradiese umher, pflegte der Bäume, nannte die Thiere, freuete sich überall der fruchtbaren segenreichen Schöpfung, fand aber unter allem Lebendigen nichts, das die Wünsche seines Herzens mit ihm theilte. Endlich blieb sein Auge an Einem der schönen Luftwesen hängen, die, wie die Sage sagt, längst vor dem Menschen die Bewohner der Erde gewesen waren und die sein damals hellerer Blick zu schauen vermochte. Lilis hieß die schöne Gestalt, die wie ihre Schwestern auf Bäumen und Blumen wohnte und von den schönsten Gerüchen lebte. „Alle Geschöpfe, sprach er bei sich selbst, leben in Gemeinschaft unter einander, o daß mir diese schöne Gestalt zur Gattinn würde!"

Der Vater der Menschen hörte seinen Wunsch und sprach zu ihm: „du hast dein Auge auf eine Gestalt geworfen, die nicht für dich erschaffen ist; indessen, deinem Irrthum zur Belehrung, sei dir dein Verlangen gewähret." Er sprach das Wort der Verwandlung und Lilis stand da in menschlichen Gliedern.

Freudig wallete Adam ihr entgegen; schnell aber sahe er seinen Irrthum ein; denn die schöne Lilis war stolz und entzog sich seiner Umarmung. „Bin ich, sprach sie, deines Ursprunges? Aus Luft des Himmels ward ich gebildet und nicht aus niedriger Erde. Jahrtausende sind mein Leben: Stärke der Geister ist meine Kraft und Wohlgeruch meine himmlische Speise. Ich mag dem niedrigen Geschlecht der Staubgebohrnen mit dir nicht vermehren." Sie entflog und wollte nicht wieder zu ihrem Manne kehren.

Gott sprach: „es ist nicht gut, daß der Mensch allein sei; ich will ihm eine Gattinn geben, die sich zu ihm füge." Da fiel ein tiefer Schlaf auf Adam und ein weissagender Traum wies ihm das neue Gebilde. Aus seiner Seite stiegs empor, mit ihm von Einerlei Wesen. Freudig erwachte er und sah sein zweites Selbst; und als Gott die Liebliche zu ihm führte, siehe da bewegte sich die Städte seines Herzens, denn sie war seinem Herzen nahe gewesen. „Mein bist du, rief er aus, du sollt Männinn heißen: denn du bist vom Manne genommen."

*

Darum wenn Gott einen Jüngling liebet: so giebt er ihm die Hälfte die sein ist, das Gebilde seines Herzens zum Weibe. Empfindend, daß sie für einander geschaffen worden, werden sie beide zu Einem Bilde in täglich neuer Zufriedenheit und Jugend-Schönheit. Wer aber frühe nach fremden Reizen blickt und buhlt nach Wesen, die nicht zu ihm gehören, empfängt zur Strafe eine fremde Hälfte. In Einem Leibe zwo verschiedne Seelen, hassen sie einander, zerreissen sich und quälen einander zu Tode.

Sammaël.

Als Gott den Menschen aus Staube geschaffen und den verweslichen Staub gekrönet hatte mit seines Ebenbildes Krone, stellete er ihn den Engeln dar und allen Geschöpfen. Die Schaar der Engel neigete sich vor ihm als ihrem jüngern Bruder; sie blieten ihm frölich bei seiner paradiesischen Hochzeitfreude.

Nur Einer derselben, der stolze Sammaël, spottete sein: "Bin Ich nicht," sprach er, "aus Licht geschaffen worden, nicht aus Staube? Der Feuerstrom, der vom Throne fließt, gab mir das Wesen und nicht die zerfallende Erde." —

Siehe, da wich von ihm der Strom des Lichts, wie Schnee zerschmolz das Kleid, das

Der Vogel unsterblicher Wahrheit.

In Mitte des Paradieses standen die wunderbarsten Bäume der Welt, der Baum der Erkänntniß und der Baum des Lebens. Von diesem zu essen, war den Menschen erlaubt; von jenem zu kosten war ihnen, um ihrer Kindheit willen, verboten. Der einzige Phönix, damals noch der König des ganzen gefiederten Reichs, Er nur nistete in diesen Zweigen und aß von ihnen unsterbliche Götterspeise.

„Als Eva lüstern zum Baum der Erkänntniß trat und kosten wollte, da war, als furchtbar auf dem Baum der geflügelte Zeuge der Wahrheit seine Stimme erhob und also sprach: „Betrogne, wo irrest du hin? was zu erblicken, öffnest du die Augen? Dich nackt zu sehen, wirst du weise; dich arm zu fühlen, willst du Göttinn werden?" —

Aber Eva's Blick hing an der täuschenden Frucht und am listigen Verführer; sie übertrat des Herrn Gebot und hörte des weissagenden Vogels Stimme nicht.

Als über alle Geschöpfe des Paradieses der Tod kam, sonderte Gott den treuen Vogel aus, fortan auf ewige Zeit ein Zeuge der Wahrheit. Zwar mußte auch Er mit allen Lebendigen den Sitz der Unschuld räumen: König der Vögel, die jetzt einander bekriegten, wollte er selbst nicht mehr seyn; seinen einst glücklichen, ruhigen Thron nahm ein Raubvogel ein, der Blutbegierige Adler. Auch die Unsterblichkeit konnte ihm fortan in der dickeren giftigen Erdeluft anders nicht als durch Verwandlung werden. Aber durch eine Verwandelung, die nach Jahrhunderten erst, und schnell und herrlich dann ihn wieder verjüngt. Wenn seine Stunde nahet, ist ihm vergönnt, ins Paradies zu fliegen: vom Baum des Lebens und in ihres Sohnes Gestalt, ein weißgekleideter Schäfer. Die rothen Rosen waren um sein Haar und in der Hand hielt er ein Saitenspiel, aus welchem jene süßen Töne kamen. Er kehrte liebreich sich zu ihr, er wollte ihr nahen und verschwand. Der Traum verschwand mit ihm.

Erwachend sah die Mutter des Tages Morgenröthe wie blutig aufgehn, und ging mit schwerem Herzen zum Opferfest.

Die Brüder brachten ihr Opfer, die Eltern gingen heim. Am Abend aber kam der Jüngere nicht wieder. Angstvoll suchte die Mutter ihn und fand nur seine zerstreuete, traurige Heerde. Er selbst lag blutig am Altar: die Rosen waren mit seinem Blute gefärbt und Kains Aechzen schallte laut aus einer nahen Höhle.

Ohnmächtig sank sie auf des Sohnes Leichnam, als ihr zum zweitenmal das Traumgesicht erschien. Ihr Sohn war jener Schäfer, den sie dort im neuen Paradiese sah. Die rothen Rosen waren um sein Haar; liebliche Töne klangen aus seiner Harfe; also sang er ihr zu: "Schaue hinauf gen Himmel zu den Sternen; weinende Mutter, schaue hinauf. Sieh jenen glänzenden Wagen dort; er führt zu andern Auen, zu schönern Paradiesen, als du in Eden sahst; wo die Blutgefärbte Rose der Unschuld voller blüht, und alle Seufzer sich in süsse Töne wandeln." —

Das Traumgesicht verschwand; gestärkt stand Eva vom blassen Leichnam ihres Sohnes auf. Und da sie Morgens ihn mit ihrer Thräne bethaut und mit den Rosen seines Altars bekränzet hatte, begruben Vater und Mutter ihn an Gottes Altar, vorm Angesicht einer schöneren Morgenröthe. Oft aber sassen sie an seinem Grabe zu Mitternacht und sahen gen Himmel hinauf zum hohen Sternen-Wagen und suchten ihren Schäfer dort.

Adams Tod.

Neunhundert dreißig Jahre war Adam alt, als er das Wort des Richters in sich fühlte: Du sollt des Todes sterben.

„Laß alle meine Söhne vor mich kommen, sprach er zur weinenden Eva, daß ich sie noch sehe und segne." Sie kamen alle auf des Vaters Wort und stunden vor ihm da, viel hundert an der Zahl und flehten um sein Leben.

„Wer unter euch, sprach Adam, will zum heilgen Berge gehn? Vielleicht daß er für mich Erbarmung finde und bringe mir die Frucht vom Lebens-Baum." — Alsbald erboten sich alle seine Söhne, und Seth, der frömmste, ward vom Vater selbst zur Botschaft auserwählet.

Sein Haupt mit Asche bestreuet, eilte er und säumte nicht, bis er vor der Pforte des Paradieses stand. „Laß ihn Erbarmung finden, Barmherziger (so flehet er) und sende meinem Vater eine Frucht vom Lebens-Baum."

Blätter der Vorzeit.

Schnell stand der glänzende Cherub da; und statt der Frucht vom Lebensbaume hielt er einen Zweig von dreien Blättern in seiner Hand. „Bringe dem Vater ihn, so sprach er freundlich, zu seiner letzten Labung hier: denn ewiges Leben wohnt nicht auf der Erde. Nur eile; seine Stunde ist da!"

Schnell eilte Seth und warf sich nieder und sprach: „keine Frucht vom Baume des Lebens bringe ich dir, mein Vater; nur diesen Zweig hat mir der Engel gegeben, zu deiner letzten Labung hier."

Der Sterbende nahm den Zweig und freuete sich. Er roch an ihm den Geruch des Paradieses: da erhob sich seine Seele: „Kinder, sprach er, ewiges Leben wohnt für uns nicht auf der Erde: ihr folgt mir nach. Aber an diesen Blättern athme ich Hauch einer andern Welt, Erquickung." — Da brach sein Auge: sein Geist entfloh.

Adams Kinder begruben ihren Vater und weinten um ihn dreißig Tage lang; Seth aber weinte nicht. Er pflanzete den Zweig auf seines Vaters Grab zum Haupt des Todten und nannte ihn den Zweig des neuen Lebens, des Auferwachens aus dem Todesschlaf.

Der kleine Zweig erwuchs zum hohen Baum, und viele Kinder Adams stärkten sich an ihm mit Trost des andern Lebens.

So kam er auf die folgenden Geschlechter. Im Garten Davids blühete er schön; bis sein bethörter Sohn an der Unsterblichkeit zu zweifeln anfing; da verdörrete der Zweig, doch kamen seine Blüthen unter andre Völker.

Und als an einem Stamm von diesem Baum der Wiederbringer der Unsterblichkeit sein heiliges Leben aufgab, freuete sich von ihm der Wohlgeruch des neuen Lebens umher, weit unter alle Völker.

Zweite Sammlung.

Der Schwan des Paradieses.

Von Jugend an, saget die heilige Sage, wandelte Henoch mit Gott und war ein stiller Betrachter. Als Kind schon hatte sein Engel ihn ins Paradies geführt. Er las in Büchern, ihm vom Himmel gesandt, die nicht auf irdische Blätter geschrieben waren; er las im Buch der Sterne, daher man ihn den Betrachter, Idris, nannte.

Einst saß er einsam unter der Ceder; da wehete stille Begeisterung ihn an: er sah das nahe Schicksal seiner Welt, die bald in Fluthen untergehen sollte; er sah den Tag des strafenden Gerichts,

„O daß ich, seufzte seine Seele, dieß der Nachwelt kund thun könnte!"

Da ließ ein glänzender Schwan vom Himmel sich herab; dreimal umflog er des Betrachters Haupt, und langsam kehrte er in die Wolken.

Henoch kannte ihn: es war ein Schwan des Paradieses, den er einst in seiner Kindheit gesehen und geliebet hatte. Eine Feder war seiner Schwinge entfallen; er nahm die Feder und schrieb damit seine Bücher der Zukunft.

Und als er lange, jedoch vergeblich seine Brüder gewarnet hatte und das Licht in ihm an seinen Ort hinaufzusteigen begehrte, da nahm er seinen Sohn zu sich und sprach: „die Tage meines Lebens sind zu Ende, dreihundert fünf und sechzig kurze Tage. Vielleicht daß dir, mein Sohn, der Gütige den Rest von meinen Jahren zu deinen Jahren zählt."

Er sprachs und segnete ihn; da waren um ihn und hoben ihn sanft empor die Schwäne des Paradieses. Auf ihren Flügeln trugen sie ihn hinauf und Henoch war nicht mehr.

Und als sein Sohn Methusalah ihn vergebens in den Wolken des heiligen Berges suchte, stand vor ihm ein Mann in glänzender Gestalt.

„Ich war der Engel deines Vaters, sprach er, der ihn erzog und schon als Kind zum Paradiese führte. Dort ist er jetzt; er hat viele Jahre gelebt: denn er ist bald vollkommen worden. Darum gefiel er Gott und war ihm lieb und ward hinweggenommen aus dem Leben."

Er sprachs und rührete die Erde mit seinem Stabe an; da stand ein blühender Mandelbaum, der frühe Bote des Frühlings. Noch ehe seine Blätter sprossen, mit nackten Zweigen treibet er

Blüthen hervor und verkündigt die fröhliche Zeit. Der Engel war verschwunden und Methusalah, der seines Vaters-Jahre genoß und das höchste Alter der Erdgebohrnen erreichte, jährlich sah er in diesem frühaufblühenden Mandelbaum die Jugend seines Vaters.

Der Rabe Noahs.

Aengstig blickte Noah umher aus seinem schwimmenden Kasten und wartete, bis die Wasser der Sündfluth fielen. Kaum sahen der Berge Spitzen hervor, als er alles Gefieder um sich rief: „Wer, sprach er, unter euch will Bote seyn, ob unsre Rettung nah ist?"

Da drängte sich vor allen der Rabe hervor mit großem Geschrei; er witterte nach seiner Lieblingsspeise. Kaum war das Fenster geöfnet: so flog er hin und kehrte nicht zurück. Der Undankbare vergaß des Retters und seines Geschäfts; er hing am Aase —

Aber die Rache blieb nicht aus. Noch war die Luft von giftigen Dämpfen voll und schwere Dünste hingen über den Leichen; die benebelten ihm sein Gesicht und schwärzten seine Federn.

Zur Strafe seiner Vergessenheit ward ihm, auch sein Gedächtniß wie sein Auge düster; selbst seine neugebohrnen Jungen erkennet er nicht und genießt an ihnen keine Vaterfreude. Erschrocken über ihre Häßlichkeit flieht er hinweg und verläsſet sie. Der Undankbare zeugt ein undankbar Geschlecht; entbehren muß er des schönsten Lohns, des Dankes seiner Kinder.

Die Taube Noahs.

Acht Tage hatte der Vater der neuen Welt auf die Wiederkunft des trägen Raben gewartet, als er aufs neue seine Schaaren um sich rief, Kundschafter auszuwählen. Schüchtern flog die Taube auf seinen Arm und bot sich an zur Sendung.

„Tochter der Treue, sprach Noah, du wärest mir wohl eine Dienerin guter Botschaft; wie aber willt du deine Reise thun und dein Geschäft vollenden? Wie, wenn dein Flügel ermattet und dich der Sturm ergreift und wirft dich in die trübe Welle des Todes? Auch scheuen deine Füße Schlamm und deiner Zunge widert unreine Speise." —

„Wer, sprach die Taube, giebt den Müden Kraft und Stärke gnug dem Unvermögenden? Laß mich, ich werde dir gewiß eine Dienerin guter Botschaft."

Sie entflog und schwebete hin und her, und nirgend fand sie, wo sie ruhen könnte; als schnell der Berg des Paradieses sich vor ihr erhob mit seinem grünenden Wipfel. Ueber ihn hatten nichts vermocht die Wasser der Sündfluth; und der Taube war die Zuflucht zu ihm unverboten. Freudig eilete sie und flog hinan und ließ demüthig sich am Fuß des Berges nieder. Ein schöner Oelbaum blühete da: sie brach ein Blatt des Baumes, eilte gestärkt zurück und legete den Zweig auf des schlummernden Noah Brust.

Er erwachte und roch daran den Geruch des Paradieses.

Da erquickte sich sein Herz: das grüne Friedensblatt erquickte die Seinigen, bis ihm sein Retter selbst erschien, bekräftigend der Taube gute Botschaft.

Seitdem dann ward die Taube Dienerin der Liebe und des Friedens. Wie Silber glänzen ihre Flügel, sagt das Lied; ein Schimmer noch vom Glanz des Paradieses, das sie auf ihrer Wanderschaft erquickte.

Abrahams Kindheit.

In einer Höle ward Abraham erzogen: denn der Tyrann Nimrod stellete ihm nach dem Leben. Aber auch in der dunkeln Höle war das Licht Gottes in ihm! er dachte nach und sprach zu sich: „wer ist mein Schöpfer?"

Nach sechzehn Jahren trat er hinaus und, als er zum erstenmale Himmel und Erde sah; wie erstaunte er und freuete sich! Er fragte alle Geschöpfe rings umher: „Wer ist Euer Schöpfer?"

Auf ging die Sonne; er fiel nieder aufs Angesicht. „Das, sprach er, ist der Schöpfer: denn seine Gestalt ist schön!" —

Die Sonne stieg hinauf und stieg hinab und ging am Abend unter. Da ging der Mond hinauf, und Abraham sprach zu sich: „das untergangene Licht war nicht der Gott des Himmels:

vielleicht ists jenes kleinere Licht, dem dieses große Heer der Sterne dient."

Aber auch Mond und Sterne gingen unter und Abraham stand allein.

Er ging zu seinem Vater und fragte ihn: „wer ist der Gott des Himmels und der Erde?" und Tharah zeigete ihm seine Götzenbilder. „Ich will sie prüfen," sprach er bei sich selbst, und als er allein war, legte er ihnen die schönste Speise vor. „Wenn ihr lebendige Götter seyd: so nehmet euer Opfer." Aber die Götzenbilder standen da und regeten sich nicht.

„Und diese, sprach der Knabe, kann mein Vater für Götter halten? Wohl! Vielleicht belehre ich ihn." - Er nahm den Stab, zerschlug die Götzen alle bis auf Einen, und legte seinen Stab in dieses Götzen Hand und lief zum Vater: „Vater, sprach er, dein erster Gott hat alle seine Brüder getödtet."

Zornig sah ihn Tharah an und sprach: „Du spottest meiner, Knabe, wie kann er es, da meine Hände ihn gebildet haben?" „O zürne nicht, mein Vater, sprach Abraham, und laß dein Ohr vernehmen, was dein Mund sagte. Trauest du deinem Gott nicht zu, daß Er vermöge, was ich mit meiner Knabenhand zu thun vermochte, wie wäre Er der Gott, der mich und dich und Himmel und Erde schuf?" — Tharah verstummte auf des Knaben Wort.

* * *

Bald aber kam die That vor den Tyrannen Nimrod; der foderte ihn vor sich und sprach: „Meinen Gott sollt du anbeten, Knabe; oder der brennede Ofen sei dein Lohn." Denn alle Weisen hatten bei Abrahams Geburt dem Könige geweissaget, daß Er die Götzen stürzen und des Königs Dienst vernichten würde im Königreiche. Darum verfolgete der König ihn.

„Wer ist dein Gott, o König?" sprach der unerschrockne Knabe.

„Das Feuer ist mein Gott, antwortete er, das Mächtigste der Wesen."

„Das Feuer, sprach der Knabe, wird vom Wasser ausgelöscht: das Wasser wird von der Wolke leicht getragen: der Wind verjagt die Wolken und dem Winde besteht der Mensch. So ist der Mensch das Mächtigste der Wesen." —

„Und ich der Mächtigste der Menschen, sprach der König. Bete mich an; oder der glühende Ofen ist dein Lohn."

Da schlug der Knabe sein bescheidnes Auge auf und sprach: „ich sah die Sonne gestern am Morgen auf- und am Abend untergehn; befiehl, o König, daß sie heut am Abend auf und am Morgen untergehe: so will ich dich anbeten."

Und Abraham ward in die Glut geworfen.

Aber des Feuers Kraft beschädigte den Knaben nicht: ein Engel nahm ihn sanft in seinen Arm und fächelte die Flammen von ihm ab, wie einen Lilienduft. Schöner ging der Knabe vom Feuer hinaus und bald erschien ihm Gott und rief ihn aus Chaldäa und weihete ihn zu seinem Freunde ein.

Und Abraham ward Stifter des wahren Gottesdienstes des Einen Gottes Himmels und der Erde für alle Welt.

Die Stimme der Thränen.

Drei Tage war Isaak im Herzen seines Vaters todt: denn am vierten Tage hatte Gott sich ihn zum Opfer erkoren. Schweigend zog Abraham gen Moriah hin, in den tiefsten Gram versunken, als ihn die freundliche Stimme des Kindes weckte: „Siehe mein Vater, hier ist Feuer und Holz; wo ist aber das Lamm zum Opfer?" —

„Mein Sohn, sprach Abraham, Gott hat ihm selbst ersehen ein Opferlamm!" So gingen die beide schweigend mit einander.

Und als sie kamen an die Opferstäte und der Altar gebauet und alles bereitet war: ergriff der Vater seinen Sohn und legte ihn auf den Altar und faßete das Messer in die Rechte und sah gen Himmel hinauf. Der Knabe duldete, schwieg und blickte mit weinendem Auge zum Himmel hinauf.

Blätter der Vorzeit.

Die stumme Thräne im Auge des Vaters und des Kindes durchdrang die Wolken und trat zum Herzen Gottes mit großem Geschrei. „Abraham! rief der Engel des Herrn vom Himmel herab: Abraham, schone des Knaben und thue ihm nichts. Es ist genug!"

Freudig nahm der Vater den wiedergeschenkten Sohn, das Opfer Gottes, zurück und hieß die schrecklich-frohe Städte: „Jehovah schaut!" Er schaut die stumme Thräne im Auge des Leidenden: er sieht des Herzens Jammer, der ängstlicher ruft als alles Geschrei.

* * *

Dreifach ist das Gebet der Menschen zu Gott; und kräftiger ist Eines als das andre.

Ein Gebet mit stiller Stimme gefället ihm wohl: er hörets tief im Herzen, und nimmts auch von der stammlenden Lippe gnädig auf.

Das Gebet der Noth mit großem Geschrei durchdringt die Wolken und häufet glühende Kohlen auf des Unterdrückers Haupt.

Doch mächtig über alles ist die Thräne des Verlaßenen, der fest an Gott sich hält und stirbt. Sie sprenget Pforten und Riegel und bringt zum Herzen Gottes und bringt den Blick des Schauenden hernieder.

Das Grab der Rahel.

Als Jakob von der heiligen Stäte wiederkehrte, auf welcher Gott sich ihm einst geoffenbaret hatte, da er in seiner Jugend den offenen Himmel sah; da war sein Herz voll Freude: denn Jehovah hatte ihm jetzt seinen Freundesbund aufs neue bestätiget.

Bald aber traf ihn ein bittrer Schmerz. Die Liebe seiner Jugend, Rahel, starb bei ihrem zweiten Sohne, und da die Seele ihr entging und sie nun sahe, daß sie sterben mußte, nahm sie den letzten Athem noch zusammen, küssete das Kind, nannte seinen Namen: „Benoni, den Sohn der Schmerzen" und starb.

Und als sie vor dem Ewigen erschien, weinete sie und sprach: „Erfülle mir, o Vater, die erste Bitte hier an deinem Thron: Laß mich zuweilen noch die Meinigen sehen, von denen du mich trenntest, daß ich in ihrem Leiden ihnen beistehe und ihre Thränen lindre."

"Dreimal soll dir dein Wunsch gewähret seyn, sprach Gott, daß du auf Erden deine Kinder sehest; doch lindern kannst du ihre Thränen nicht."

Sie gieng zum ersten hinab und fand den alten Jakob um ihre beiden Söhne ängstlich trauren. Des Josephs blutiges Kleid lag neben ihm: "mein graues Haar, rief er, wird in die Grube fahren: mit Leide werd' ich zu den Todten wandern: denn auch Benoni wird mir jetzt geraubt."

Seufzend stieg sie wieder zum Himmel hinauf: bis späterhin ihr Mann und ihre Söhne, als Abgeschiedene, selbst zu ihr kamen und freudig ihr erzähleten, wie schön sich all ihr Leid in Freude verwandelt habe.

Sie trocknete die Thränen und stieg lange nach diesem zum zweitenmal hernieder auf ihr Grab. Da sahe sie ihre Kinder ins Elend treiben, wie man die Heerde treibt. Alles fand sie

Blätter der Vorzeit.

verwüstet und auch ihr Grab war nicht verschont geblieben. Eine Zeitlang blieb sie auf dem öden Grabe und lange hörte man auf ihm ein unsichtbares Aechzen.

Sie stieg zum drittenmal hernieder; da floß um Bethlehem der unschuldigen Kinder Blut. Ihre Mütter weinten und auf ihrem Grabe weinete Rahel laut: „sie sind, sie sind nicht mehr." Man hörte lang' am Grabe das weinende Aechzen: „sie sind nicht mehr."

Und als sie wiederkehrte, sprach der Allbarmherzige; „ruhe jetzt, meine Tochter, und quäle dein Herz nicht mehr mit deiner Kinder Leiden. Der Weg der Sterblichen führt bald in Thäler, wo nur Klagen tönen; bald, wenn das Thal sich wendet, wird die Klage selbst Lobgesang. Vertrau mir deine Kinder an; sie sind auch meine Kinder: Dein Herz ist nicht gemacht, der Erdgebohrnen Schicksal zu tragen und zu lindern."

Beruhigt blieb der schönen Rahel Geist fort=
an im Paradiese. Zwar fragte sie die Neuan=
kommenden um ihr vollendetes Geschick auf Er=
den; doch nimmer kehrte sie zu ihrem Grabe wie=
der, auf dem das Aechzen ihres mütterlichen Her=
zens nun längst verhallet ist. Das Grabmal
schweigt und Rahel freuet sich mit ihren Kindern
der ewigen Ruhe.

Joseph und Zulika.

Als Potiphars Weib, die schönste Zulika, den Joseph ergriff und alle seine Sinnen reizte: siehe da stand dem Geiste des Jünglings die ehrwürdige Gestalt seines Vaters vor Augen.

„Die Namen deiner Brüder, sprach Jakob, werden auf zwölf Steinen des Brustschildes glänzen und in die Wohnung des Allerheiligsten zum Gedächtniß eingehen vor Jehovah. Du solltest auch mit ihnen geschrieben werden; willst du, daß dein Name vertilget sei und du ein Hirte der Ehebrecherin heißest?"

Alsobald kam Joseph zu sich und wand sich los. Sein Herz blieb vest in seiner Kraft; seine Händ' und Arme stärketen sich. Die goldenen Träume seiner Kindheit traten ihm vor Augen.

Und statt Eines kamen nachher Zwei Namen seines Geschlechts auf die glänzenden Steine ins Angesicht vor Jehovah. Der sterbende Vater pries ihn und sprach: ein blühender Zweig ist Joseph; der Sohn einer Blühenden, die über der Quelle steht. Seine jungen Zweige sprossen, sie sprossen die Mauer hinauf — ein Lohn seiner jugendlichen Gottesfurcht und Keuschheit.

Der Streit der heiligen Berge.

Als Gott sein Gesetz zu geben auf Sinai stieg, traten vor Ihn die Geister der Berge im Lande der Verheissung. „Warum verschmähest du Uns, deine Erkohrnen, und wählest den fremden Berg, einen dürren Fels der heidnischen Wüstenei zu deines Fußtritts Schemel?"

„Wer seyd ihr, sprach Jehovah, daß ihr es wagt, der Schemel meiner Herrlichkeit zu werden? Schauet umher. Mein Tritt war dort auf jenen ersunknen Bergen, auf den zerfallenen Hügeln der alten Zeit; wo ist jetzt die Krone ihres Gipfels?"

„Aber auf Euch, fuhr der Gnädige fort, will ich meine Herrlichkeit milder offenbaren: Du lachender Tabor, sollt das Antlitz meines Sohnes schaun und an ihn meine sanftere Stimme hören. Berg Gottes, du fruchtbarer Karmel, auf dir soll einst mein zweiter Knecht, Elias, wohnen und meinen Namen mit Feuer vom Himmel den Menschen kundthun. Du Libanon, sollt mein Heiligthum baun und du bescheidner, schweigender Zion, auf Dir, dem kleinsten der Berge soll einst dies Heiligthum ruhen, meines Namens ewige Wohnung. Der Berg, da das Haus Jehovahs ist, wird höher seyn als alle Berge der Erde, über alle Hügel erhaben."

Freudig verließen die Berge das Angesicht Jehovahs: sie neideten den Sinai nicht mehr und der kleinste unter allen, der demüthige Zion ward in der Zukunft der Größeste der Berge.

Die Worte des Gesetzes.

Als Gott sein Gesetz zu geben auf Sinai hinab-
fuhr, trat Moses in die heilige Wolke vor ihn
und sprach: „Allgütiger, du willst dein Gesetz
Israel geben, daß alles Volk es vernehme; wie
aber? werden auch die andern Völker und die kommenden Geschlechter Gottes Stimme hören?"

„Sie haben sie gehört, sprach der Allmächti-
ge; jeder der Propheten und Weisen, selbst jedes
Kind, wo es auf Erden lebt, hat daran seinen
Theil empfangen. Ihre Seelen selbst sind ein
Nachklang meiner Stimme, der Stimme, die
alle Welten füllt." —

Gott sprachs und winkte dem Engel der Seelen, daß er den Fragenden ins Reich der innern
Schöpfung führte. Hier sahe Moses, wie durch
die Macht des ewigen Worts das Gebilde der

Menschheit ward: jedes werdende Wesen war die Wurzel eines Baums voll göttlicher Gedanken.

„So viele, sprach der Engel, hier Menschenseelen sind, so viele sind Auslegungen der Stimme, die dieses Weltall schuff. Viele Seelen fassen viel der Stimmen und deine Seele, (fuhr der Engel zu Moses fort,) soll des Gesetzes Baum erfassen mit Wurzeln, Stamm und Zweigen. Jedwede Seele wird gerichtet werden, nach dem was in ihr war, nach dem Laut der Stimme, der sie zum Leben rief." —

Und der Engel nahm ihn bei der Hand und führte ihn in die Vorhöfe des Paradieses. „Siehe, sprach er, hier werden die Ungebohrnen erzogen und zu ihrem Leben auf der Erde bereitet. Nachdem eine Seele Folgsamkeit und Treue erwiesen, steiget sie in dieses oder jenes Geschlecht hinab, zu ihrem Lohn oder zu ihrer Strafe. Doch ehe jede derselben niedersteigt, führet ihr Engel sie umher und zeigt ihr die Pforten der

Hölle und des Paradieses. Dort siehet sie die Ungerechten gequält; hier die Gerechten getröstet. Welchen Eindruck nun das Kind bewahret und fest hält, nach solchem bildet es sich fürderhin im Leben. Wem nur die Hölle im Gedächtniß schwebt, der wird ein Knecht; wer aber die Freuden des Paradieses ahnend in sich empfindet, der wird ein Kind Jehovahs und findet auf der Erde schon den Trost des Paradieses. Wer nichts von beiden in sich erhält, verwildert ohne Gefühl und wird ein Thier des Feldes."

Da kam auch der Engel der Weisen und nahm den Moses bei der Hand und führte ihn in die Schule des Himmels. „Siehe hier, sprach er, die Seelen versammlet, jedwede steigt hinauf in jedem stillen Augenblick, da sie das Wort des Ewigen in sich lieset. Sobald die Sinne schweigen und der Leib des Menschen schläft, geht sie zum Himmel empor und wird gewürdiget, den Sinn des Ewigen zerstreuungslos zu hören. Die höchsten Engel schweigen mit ihren Lobgesängen, bis alle Seelen versammlet sind, wie geschrieben steht:'

>Die Blumen sind entsprossen der Erde,
>Die Zeit des Gesanges ist da,
>Die Turteltaube lässet sich hören auf unsrer Flur —

Alsbald empfangen die Engel die Lobgesänge derselben und flechten sie dem Ewigen zur angenehmen Krone."

Da fiel Moses nieder und sprach:
Wie hat Jehovah die Menschen lieb!
All seine Heiligen sind um ihn her;
Sie sitzen ihm zu Füßen
Und lernen von ihm selbst sein ewiges Wort.

Die Bürgschaft des Menschengeschlechts.

Die Schuld der Eltern ist durch ihre Kinder bei Gott verbürget. Was der Vater sündigte, büßet oft der Sohn und der Enkel.

Als Gott sein Gesetz auf Sinai gab, sprach er: "stellet mir Bürgen, daß ihr es haltet."

Sie nannten ihm ihre gerechten Väter; allein Jehovah nahm die Bürgschaft nicht an. "Sie sind selbst Schuldner gewesen, gleich wie ihr; gebet mir eure Söhne und Enkel zum Unterpfande."

Die Seelen der Ungebahrnen, die alle um den Berg versammlet waren, die Säuglinge an den Brüsten, die Kinder auf dem Schooße der Mütter erhuben ihre Stimme und übernahmen die Bürgschaft. Da sprach der Ewige: heimsuchen will ich die Missethat der Väter an den Kindern bis ins dritte und vierte

Glied; aber segnen will ich in die Tausende der Geschlechter.

Anbetend neigete sich Moses und als Gott ihm vorüberging, rief eine Stimme: "Herr, Herr Gott, barmherzig und gnädig, der du vergiebest Missethat, Uebertretung und Sünde und wenn du die Missethat der Väter an den Kindern strafest bis ins dritte, vierte Glied; so segnest du dafür in die Tausende der Geschlechter."

Aarons Entkleidung.

Mit schwerem Herzen entkleidete Moses seinen Bruder Aaron auf Hor am Geburge. Er zog ihm seine heilige Kleider aus und zog sie Eleasar an; Aaron sammlete sich und starb: denn auch Er hatte gesündigt. Und Israel beweinete ihn dreißig Tage.

Am dreißigsten Tage saß Moses auf diesem Geburge und sah im Traum seinen Bruder. Die Herrlichkeit Jehovahs glänzte auf seiner Stirn und ein schöneres Priestergewand umfloß seine neuverjüngten Glieder. Ein güldener Gürtel war um seine Brust; aber die zwölf Steine des Heiligthums waren nicht auf derselben. Der Stab, der im irdischen Heiligthum geblühet hatte, war nicht in seiner Hand.

„Warum ist der Stab deines Priesterthums nicht in deinen Händen, mein Bruder? sprach Moses im Traum; und warum glänzen auf deiner Brust nicht mehr die zwölf Steine deines Volks zum Andenken vor Jehovah?"

„Sie waren mir schwer genug, antwortete Aaron, als ich sie auf Erden trug; jetzt ist meine Brust erweitert und meine Seele erleichtert. Auch der Stab meines Stammes ist nicht mehr in meiner Hand; denn vor dem Gott aller Welt sind alle Stämme und Völker. Ein Priester zu Salem bin ich anjetzt; im Lande des Friedens ein Priester höherer Ordnung."

Das Gesicht verschwand und Moses erneute die menschenfreundlichen, tröstenden Gesetze von der Ruhe des Sabbats nach der Arbeit und dem

Sabbatjahr der Befreiung für Unterdrückte und Arme, für Verkaufte und Knechte und Thiere. Er erneute die Gesetze vom Laubhüttenfest und dem frölichen ewigen Jubeljahre.

Der Tod Moses.

Als Moses, der Vertraute Gottes, sterben sollte und seine Stunde herannahte, versammlete Gott die Engel um sich her. „Es ist die Zeit, sprach er, die Seele meines Knechtes zu mir zu fodern, wer will mein Bote seyn?"

Die Edelsten der Engel, Michael, Raphael und Gabriel, sammt allen, die vor Gottes Thron stehn, baten und sprachen: „wir sind seine, Er ist unser Lehrer gewesen, laß uns nicht fodern dieses Mannes Seele."

Aber der abgefallene Sammael trat hervor: „Hier bin ich, sende mich."

Mit Zorn und Grausamkeit bekleidet, stieg er hinab, das Flammenschwert in seiner Hand und freuete sich schon der Schmerzen des Gerechten. Als er aber näher zu ihm trat, erblickte er das Angesicht Moses. Seine Augen waren nicht dunkel worden und seine Kraft war nicht verfallen. Er schrieb die Worte seines letzten Liedes und den heiligen Namen;

sein Antlitz glänzete, bewaffnet mit Ruhe und Himmelsklarheit.

Der Feind der Menschen erschrack. Sein Schwert entsank ihm und er eilete hinweg. „Ich kann dir die Seele dieses Mannes nicht bringen, sprach er zu Jehovah: denn ich habe an ihm nichts Unreines finden."

Da stieg Jehovah selbst hernieder, die Seele seines Knechts von ihm zu nehmen und seine getreuen Diener, Michael, Raphael und Gabriel, sammt allen Engeln seines Angesichts, stiegen hinab mit ihm. Sie bereiteten Moses sein Sterbelager und standen ihm zu Haupt und Füßen und eine Stimme sprach: „fürchte dich nicht. Ich selbst will dich begraben."

Da bereitete Moses sich zu seinem Tode und heiligte sich, wie Einer der Seraphim sich heiligt, und Gott rief seine Seele: „Meine Tochter, hundert und zwanzig Jahre hatte ich dir bestimmt, im Hause meines Knechts zu wohnen. Sein Ende ist gekommen: gehe heraus und säume nicht."

Und Moses Seele sprach: „o du Herr aller

Welt! Ich weiß, daß du bist ein Gott aller Geister und aller Seelen und daß in deiner Hand sind die Lebendigen und die Todten. Aus deiner Hand empfing ich das feurige Gesetz und sahe dich in den Flammen und stieg hinauf und ging den Weg des Himmels. Durch deine Macht trat ich in den Palast des Königes und nahm die Krone von seinem Haupt und that viel Wunder und Zeichen in Aegypten. Und führete dein Volk hinaus und spaltete das Meer in zwölf Spalten und verwandelte das bittere in süßes Wasser und offenbarte deine Geheimnisse den Menschenkindern. Ich wohnte unter dem feurigen Thron und hatte meine Hütte unter der Feuersäule und redete mit dir von Angesicht zu Angesicht, wie der Freund mit seinem Freunde redet. Und nun, es ist genug! nimm mich, ich komme zu dir."—

Da küssete der gnädige Gott seinen Knecht und nahm ihm im Kusse seine Seele. Moses starb am Munde Gottes und Gott begrub ihn selber und niemand weiß die Stäte seines Grabes.

Dritte Sammlung.

———

Die Opfertaube.

Frölich kam der rohe Krieger Jephthah von seinem Siege zurück. Er hatte vor der Schlacht ein unbedachtsames Gelübde gethan, dem Herrn zum Opfer zu bringen, was ihm aus seiner Hütte zuerst entgegenträte.

Und siehe da kam seine Tochter ihm entgegen, sein einziges Kind. Jauchzend trat sie heraus mit Pauken und Saitenspiel; doch bald war ihre Freude in Leid verwandelt. „Ach meine Tochter, sprach er, wie beugest du mich? aber ich habe gelobt und kann es nicht widerrufen."

Vergebens trat der Hohepriester hinzu und belehrete ihn, daß Gott ein solches Opfer von seiner Hand nicht fodre, daß er verabscheue das

Blut des Kindes, das von der Hand des Vaters vergossen werde auf Gottes Altar. Der harte Krieger blieb auf seinem Wort und kaum erlaubete er noch, seiner flehenden Tochter, mit ihren Gespielinnen hinzugehen auf die Berge, und ihre Jugend daselbst zu beweinen.

Und als sie statt des Jubelgesangs, mit dem sie ihren Vater empfangen hatte, den Ton der Klage jetzt begann und ihren Tod bewillkommte: siehe, da gesellte eine Turteltaube sich zu ihr und verließ sie nicht und girrete in ihre Töne, als ob sie sie trösten wollte. Aber Naëmi vernahm die Stimme der tröstenden Taube nicht und nach zween Monaten kam sie zu ihrem Vater und sprach: „Hast du gelobet, mein Vater: so thue mir wie du gesaget hast" und ging wie ein Lamm zum Altare.

Und als der Grausame das Opfermesser faßte und seine Rechte erhob: siehe, da stand mit zürnendem Blick Abraham bei dem Altare und griff in seine Rechte: „Unbesonnener, sprach er, thue der Jungfrau nichts: Gott will kein solches Opfer von deinen Händen. Er nahm das Meinige nicht an, das er einst prüfend selbst von mir verlangte; du aber, harter Mann, sollst ohne Kinder sterben." Er sprach es und verschwand.

Und siehe, da flog die Turteltaube hinzu und ward statt der erretteten Jungfrau durch die Hände des Hohenpriesters für sie ein Opfer.

Freudig zog Naëmi jetzt mit ihren Gespielinnen wieder auf die Berge und dankte Gott für ihre neugeschenkte Jugend. Aber sie starb bald; und auf ihrem Grabe girrete die andere Turteltaube, der Geopferten Gatte; und alle Töchter Israels beweinten Naëmi und gingen jährlich hin zu klagen die Tochter Jephthah's und ihre Errettung zu feiren.

Die Gesänge der Nacht.

Als David in seiner Jugend auf Bethlehems Auen saß: da kam der Geist Jehovahs über ihn und seine Sinne wurden aufgethan, zu hören die Gesänge der Nacht. Die Himmel erzählten Gottes Ehre und alle Sterne traten in ein Chor: der Klang von ihren Saiten berührete die Erde, zum Ende der Erde floß ihr stilles Lied.

„Licht ist das Angesicht Jehovahs," sprach die untergehende Sonne und die Abendröthe antwortete ihr: „ich bin der Saum seines Kleides."

Die Wolken über derselben thürmeten sich und sprachen: „wir sind sein Nachtgezelt" und die Wasser der Wolken im Abenddonner tönten: „die Stimme Jehovahs gehet auf Wolken: der Gott der Ehren donnert, der Gott der Ehren donnert hoch."

„Er schwebet auf meinen Fittigen," sprach der säuselnde Wind; und die stille Luft antwortete ihm: „ich bin der Athem Gottes, das Weben seiner erquickenden Gegenwart."

„Wir hören Lobgesänge, sprach die verlechzte Erde, und ich bin still und stumm?" Der fallende Thau antwortete ihr: „ich will dich laben, daß deine Kinder neu erquicket jauchzen, daß deine Säuglinge blühen, wie die Rose."

„Wir blühen frölich," sprach die erquickte Au; die vollen Aehren rauschten drein und sprachen: „wir sind der Segen Gottes! die Heere Gottes gegen des Hungers Noth."

„Wir segnen euch von oben," sprach der Mond: „wir segnen euch," antworteten die Sterne. Die Heuschrecke girrete und sprach: „er segnete auch mich mit einem Tröpfchen Thau."

„Und tränkte meinen Durst," antwortete die Hindin. „Er erquickte mich," sprach das aufspringende Reh.

„Und giebt uns unsre Speise," träumete das Wild; „und kleidet unsre Lämmer," blöckete die Heerde.

„Er erhörte mich, so krächzete der Rabe, als ich verlassen war." „Er erhörte mich, antwortete die Gemse, da meine Zeit kam und ich ausriß und gebar."

Die Turteltaube girrte und die Schwalbe, und alle Vögel sprachen schlummernd nach: „wir haben unsre Nester funden, unsre Häuser; wir wohnen auf Gottes Altar. Und schlafen unter dem Schatten seiner Flügel, in stiller Ruh."

„In stiller Ruh," antwortete die Nacht, und hielt den langen Ton; da krähte der Erwecker der Morgenröthe: „Thut auf die Pforten, die

Thore der Welt; es zeucht der König der Ehren heran. Erwacht ihr Menschen und preiset Gott; der König der Ehren ist da."

Auf ging die Sonne, und David erwachte aus seinem Psalmreichen Traume; so lang' er lebete, blieben in seiner Seele die Töne dieser harmonischen Schöpfung und er rief sie täglich aus seiner Harfe hervor.

Die Morgenröthe.

Haſt du die ſchöne Morgenröthe geſehn? Sie leuchtet hervor aus Gottes Gemach: ein Stral des unvergänglichen Lichts, die Tröſterin der Menſchen.

* * *

Als David einſt, verfolgt von ſeinen Feinden, in einer ſchauerlichen Nacht auf dem Hermons Berge ſaß, den Trauervollſten ſeiner Pſalmen ſpielend: „Löwen und Tiger brüllen um mein Ohr, der Böſen Rotte hat mich rings umgeben und ich ſeh keinen Helfer!"

Siehe da ging die Morgenröthe auf. Mit glänzenden Augen ſprang ſie hervor, die frühgejagte Hindin, und hüpfte auf den Bergen und ſprach zu ihm wie ein Engel auf den Hügeln: „Was grämſt du dich, daß du verlaſſen ſeyſt? Ich riß hervor aus dunkler Nacht; aus Grauenvoller Finſterniß wird Morgen."

Getröstet hing an ihrem Blick sein Auge, bis sie zur Sonne ward und Heil der Welt aufging mit ihren mächtigen Flügeln. Frohlockend wandten sich die Töne seines Gesangs, den er das Lied der Morgenröthe nannte, der frühe gejagten Hindin.

Auch späterhin sang er oft diesen Psalm und dankte Gott für die Bedrängnisse, die er in früher Jugend überstand; und jedesmal kam mit dem Psalm ihm Morgenroth in seine düstre Seele.

* * *

Tochter Gottes, heilige Morgenröthe, du blickest täglich nieder und weihst den Himmel und die Welt — weih täglich auch mein Herz zu deiner stillen Wohnung.

Der Psalmensänger.

Der königliche Psalmensänger hatte seinem Erretter eben Eins der schönsten Lieder gesungen, und noch rauschte das heilige Lüftchen, das beim Aufgang' der Sonne durch seiner Harfe Klang ihn täglich weckte, in dieser Harfe Saiten; als Satan gegen ihn stund, und das Herz des Königes zum Stolz über seine Gesänge neigte. „Hast du, sprach er, Allmächtiger, unter deinen Geschöpfen Eins, das süßer als ich dich lobe?"

Da flog im offnen Fenster, vor dem er seine Hände ausbreitete, eine Heuschrecke auf den Saum seines Kleides und fing ihren hellen Morgengesang an. Eine Menge Heuschrecken versammleten sich um sie: die Nachtigall flog heran und in kurzem wetteiferten alle Nachtigallen mit einander zum Preise des Schöpfers.

Blätter der Vorzeit.

Das Ohr des Königes ward aufgethan, und er vernahm den Gesang der Vögel, die Stimme der Heuschrecke und aller Lebendigen, das Murmeln der Bäche, das Rauschen der Haine, den Klang des Morgensterns, den entzückenden Klang der aufgehenden Sonne.

Verlohren im hohen Einklange der Stimmen, die unaufhörlich und unermüdet den Schöpfer loben, verstummete er und fand sich in seinen Gesängen selbst hinter der Heuschrecke, die noch auf dem Saum seines Kleides girrte. Demüthig ergriff er die Harfe und sang: lobet den Herrn, ihr alle seine Geschöpfe; lobe den Herrn auch du, mein Innerstes, du meine verstummende Seele.

David und Jonathan.

Als von Sorgen seines Reichs und vom Kummer über seine Kinder verzehret, der Sohn Isai auf seinem Sterbelager entschlief; siehe, da kam im dunkeln Thale des Todes der Freund seiner Jugend, Jonathan, ihm zuerst entgegen. „Unser Bund ist ewig, sprach er zur Gestalt des alten Königes; aber ich kann dir meine Rechte nicht reichen: denn du bist mit Blut befleckt, mit dem Blut auch meines väterlichen Hauses und selbst mit Seufzern meines Sohnes beladen. Folge mir nach."

Und David folgete dem himmlischen Jünglinge.

„Ach, sprach er bei sich selbst, ein harter Stand ist das Leben der Menschen, und ein härterer noch das Leben der Könige. Wäre ich wie du gefallen, o Jonathan, mit unschuldigem Herzen, im Lenz meiner Jahre; oder wäre ich ein singender Hirt auf Bethlehems Flur geblieben! Ein schönes Leben hast du indeß im Paradiese gelebt; warum bin ich nicht mit dir gestorben?"

„Murre nicht, sprach Jonathan, gegen Den, der dir die Krone seines Volkes gab und dich zum Vater eines ewigen Königreichs machte. Ich sah deine Arbeit und deine Leiden; und habe dich hier erwartet." — Damit führete er ihn zu einem Strom im Paradiese.

„Trinke, sprach er, aus dieser Quelle, und alle deine Sorgen werden vergessen seyn: wasche dich in diesem Strom und du wirst jung und schöner werden, als du in deiner Jugend warst, da ich dich liebgewann und wir einander den Bund der Treue schwuren. Aber tauche tief in denselben: er fließt wie Silber und muß dich wie Feuer läutern."

David trank aus der heiligen Quelle und wusch sich im kryſtallenen Strom. Der Trank entnahm ihm alle Sorgen der Erde; aber die Welle des

Stroms durchdrang ihn tief: wie Feuer glühete sie in seinem Innern, bis er entsündigt dastand, seinem himmlischen Freunde gleich.

Dem neuen Jünglinge reichte Jonathan jetzt die Harfe und süßer als hienieden sang er unter dem Baume des Lebens: „David und Jonathan, lieblich im Leben, sind auch im Tode nicht geschieden. Leichter denn die Adler, munterer wie die Rehe auf den Hügeln. Ihr Töchter Israels, weinet um uns nicht mehr; wir sind gekleidet in unsrer Jugend Schmuck. Ich freue mich an dir, mein Bruder Jonathan: ich hatte drunten an dir Freud' und Wonne; doch hier ist deine Liebe mir mehr als unsrer Jugend Liebe." Sie küsseten einander und beschwuren, untrennbar jetzt, den Bund der Treue auf ewig.

Der Jüngling Salomo.

Zu seinem Lieblinge sprach einst ein gütiger König: „Bitte von mir was du willt: es soll dir werden."

Und der Jüngling sprach bei sich selbst: „warum soll ich bitten, daß es mich meines Wunsches nicht gereuen möge? Ehre und Ansehn habe ich schon: Gold und Silber sind das ungetreueste Geschenk der Erde. Um des Königes Tochter will ich bitten: denn sie liebet mich, wie ich sie liebe; und mit ihr empfange ich alles andre. Vor allen auch das Herz meines gütigen Wohlthäters: denn er wird durch dieses Geschenk mein Vater."

Der Liebling bat und die Bitte ward ihm gewähret.

* * *

Als Gott dem Jünglinge Salomo zuerst im Traume erschien, sprach er zu ihm: „bitte was ich dir geben soll und ich will dirs geben."

Und siehe, der Jüngling bat nicht um Silber und Gold, nicht um Ehre und Ruhm und langes Leben; er bat um die Tochter Gottes, die himmlische Weisheit und empfing mit ihr, was er je hätte bitten mögen.

Ihr also weihete er seine schönsten Gesänge und pries sie den Sterblichen an, als die einzige Glückseligkeit der Erde. So lange er sie liebte, besaß er das Herz Gottes und die Liebe der Menschen; ja nur durch sie lebet er auch nach seinem Tode noch diesseit des Grabes.

Salomo in seinem Alter.

Wohllust, Reichthum und Ehre hatten Salomo in seinen männlichen Jahren also verblendet, daß er die Braut seiner Jugend, die Weisheit, vergaß und sein Herz zu allen Bethörungen lenkte.

Einst als er in seinem prächtigen Garten ging, hörte er die Thiere sprechen, (denn er verstand die Sprache der Thiere) und neigte sein Ohr zu hören, was sie sagten.

„Siehe, sprach die Lilie, den König; er gehet mich stolz vorüber und ich Demüthige bin herrlicher als Er."

Und der Palmbaum webete seine Zweige und sprach: „Da kommt er, der Bedrücker seines Landes, und dennoch singen sie ihm, daß er ein Palmbaum sei. Wo sind dann seine Früchte, seine Zweige, mit denen er Menschen erquickt?"

Er ging weiter und hörte die Nachtigall singen zu ihrer Geliebten: „wie wir uns lieben, so liebet Salomo nicht: so wird er von keiner seiner Bulerinnen geliebt."

Und die Turteltaube girrete zu ihrem Gatten: „von seinen tausend Weibern wird keine ihn betrauren, wie ich dich klagen würde, mein Einiger."

Zürnend beschleunigte der König seinen Schritt und kam zum Neste des Storchs, der seine Jungen erzog und sie mit seinen Schwingen auffing, da er sie fliegen lehrte. „Das thut, sprach der Storch zu seinen Jungen, der König Salomo seinem Sohn Rehabeam nicht: darum wird auch sein Sohn nicht gedeihen: Fremde werden herrschen in dem, was er bauete." Da entwich der König in seine innerste Kammer und war still und traurig.

Und als er also im tiefen Nachdenken saß, da trat die Braut seiner Jugend, die Weisheit, unsichtbar vor ihn und berührete sein Auge. Er fiel in einen tiefen Schlaf und sah ein trauriges Gesicht der künftigen Tage.

Er sah durch die Antwort seines unweisen Sohns sein Reich zertheilt; in zehn abgefallenen von ihm unterdrückten Stämmen herrschte ein

Fremder. Verfallen sah er seine Häuser, seine Lustgärten durch ein Erdbeben versunken, die Stadt verwüstet, das Land verheeret, und den Tempel Gottes im Brande. Erschrocken fuhr er aus dem Schlaf empor.

Und siehe da stand mit weinendem Auge die Freundin seiner Jugend sichtbar vor ihm und sprach: „Du hast gesehen, was nach diesem geschehn wird, und zu alle diesem hast du den Grund geleget. Es stehet nicht mehr in deiner Macht, das Vergangene zu ändern: denn du kannst dem Strome nicht gebieten, daß er sich wende zu seiner Quelle, noch deiner Jugend, daß sie zurückkehre. Deine Seele ist ermattet, dein Herz erschöpft und ich, die Verlassene deiner Jugend, kann deine Gespielin nicht mehr seyn im Lande des irdischen Lebens."

Sie verschwand mit einem mitleidigen Blick, und Salomo, der seine Jugend mit Rosen bekränzt hatte, schrieb in seinem Alter ein Buch von der Eitelkeit aller menschlichen Dinge auf Erden.

Elias.

Feurigen Geistes war Elias und Feuerflamme war der Geist seines Prophetenamtes. Oft ließ er dieselbe niedersteigen vom Himmel und verzehrete im Eifer sein eigenes Leben.

Einst als er müd' und matt zum Berge Horeb ging und in der dürren Wüste unter dem einsamen Wachholderbaum ruhte, da seufzete er: „es ist genug, so nimm nun, Herr, meine Seele."

Und ein Engel Gottes stärkte ihn, daß er zum Berge gelangte, wo Gott die Last seines Prophetenamts von seinen Schultern nahm und ihm befahl, einen andern an seine Stelle zu salben.

Und als mit dem gesalbeten Elisa, Elias am Jordan ging: da kam ein feuriger Wagen mit feurigen Rossen, und scheidete die beiden von einander, und Elias fuhr im Wetter gen Himmel.

Die erste Gestalt, die ihm in jener Welt erschien, war Moses, sein Vorbild. „Du hast geeifert, sprach er, (indem er in die läuternden Flammen des Feuerwagens ihm seine Rechte reichte;) du hast geeifert, mein Bruder, mit Feuereifer und hast viel erlitten von deinen Brüdern. Ich habe gelitten wie du; aber dennoch bat ich für ihr Leben und opferte meine Seele an ihrer Seelen statt. Indessen komm zum Throne des Richters, des Allerbarmers." Elias ging mit bebenden Schritten zur Wolke des Thrones.

„Was willt du hier, Elias?" sprach die Stimme aus der Wolke; und Elias sprach: „Ich habe geeifert um Jehovah, den Gott Zebaoth, und war allein überblieben und sie standen mir nach dem Leben." Da ging ein Feuer aus der Wolke; aber der Herr war nicht im Feuer; und ein starker, die Felsen zerreissender Wind ging vor Elias her; aber der Herr war nicht im Winde. Und nach dem Feuer und Winde kam ein sanftes Sausen, in welchem Jehovah war. Durchdrungen von ihm fühlte der Prophet sein Innerstes, daß schnell die Flamme seines Geistes wie Morgenröthe strälte. „Ruhe, sprach die Stimme, und erquicke dich hier: denn der Herr ist barmherzig und freundlich. Oft sollst du niedersteigen zu den Menschen und sie sanfter belehren, und liebreich retten und trösten."

Seitdem besucht Elias die Menschen oft, aber in einem andern, als seinem ehemaligen Feuergeiste. Unsichtbar oder in fremder Gestalt mischet er sich in das Gespräch derer, die nach Weisheit forschen und vereinigt ihre Seelen. In häuslichen Geschäften kehret er das Herz der Väter zu den Kindern und das Herz der Kinder zu den Vätern; er errettet aus Gefahren, und antwortet dem Betenden erquickend und tröstend. In der Person Johannes gieng er als Morgenstern vor der aufgehenden Sonne her; ja den Sohn der Liebe selbst stärkete er auf jenem heiligen Berge der Entzückung und Verklärung.

Der Wunderstab des Propheten.

„Gürte deine Hüften, sprach Elisa zu seinem Diener Gehasi, als ihn die Sunamitin um die Erweckung ihres Sohnes anflehte, und nimm diesen Stab in deine Hand. So dir jemand begegnet, so grüße ihn nicht, und grüßet dich jemand, so danke ihm nicht und lege meinen Stab auf des Knaben Antlitz: so wird seine Seele wieder zu ihm kehren."

Freudig eilte Gehasi mit dem Wunderstabe des Propheten, nach welchem er so lange getrachtet hatte: denn längst hatte er ein Wunder zu thun begehret. „Wo eilest du hin, Gehasi? rief Jehu, der Sohn Nimsi, ihm zu. Einen Todten zu erwecken, antwortete Gehasi: denn hier ist der Stab des Propheten."

Neugierig versammlete sich die Menge und lief hinter ihm her; aus allen Flecken und Dörffern, durch welche er zog, eilete das Volk ihm nach, zu sehn die Erweckung des Todten.

Und mit leichten Schritten ging Gehasi vor ihm her und als sie gen Sunem kamen, trat er hinzu und legte den Stab auf des Knaben Antlitz.

Aber da war keine Stimme noch Fühlen.

Er kehrete den Stab um und legete ihn anders, rechts und links, oben und unten; der Knabe aber wachte nicht auf, und Gehasi ward von der Menge verspottet. Beschämt kehrete er zurück zum Propheten und zeigete ihm an und sprach: „der Knabe ist nicht aufgewacht."

Da nahm Elisa den Stab, und eilete gen Sunem; und ging hinein in das Haus und schloß die Thür zu vor ihnen allen. Und betete zum Herrn und stieg hinauf und legete sich auf das Kind, seinen Mund auf des Kindes Mund; seine Augen auf des Kindes Augen, und

breitete sich über dasselbe, bis daß des Kindes Leib warm ward. — Womit erwärmte er den Todten? Mit seinem stillen, demüthigen Gebet, mit dem Atem seiner uneigennützigen, selbstlo=
sen Liebe.

„Da nimm hin deinen Sohn,“ sprach er zur Mutter, und der eitle Gehäsi stand beschämet.

Der Thron der Herrlichkeit.

In Ihr vertiefte sich ein frommer Betrachter in die Anschauungen des Unerschaffnen; und vergaß darüber die Geschäfte seines Berufs, die nothwendige Bürde eines Sterblichen der Erde.

Einst als er in tiefem Nachsinnen vor seiner mitternächtlichen Lampe saß, entschlief er und es eröffneten sich ihm im Traum die Pforten des Himmels: er sah, was er so lange zu sehen gewünscht hatte, den ewigen Thron. Um und um mit Feuer umgeben, schwebte derselbe auf siebensach-dunkeln Wolken, aus denen Blitze fuhren, in denen Donner krachten; und vor und hinter ihm war Nacht.

Erschrocken wachte er auf; aber noch nicht belehret. Er sehnte sich die Gestalten des Throns zu sehn und sank abermals in seinen anschauenden Schlummer. Die vier Lebendigen trugen den

Thron: mit ihren Angesichtern blickten sie und mit ihren Flügeln schwebten sie nach allen vier Seiten der Schöpfung, vollbringend die Befehle Jehovahs. Feuriger Schweiß rann in Strömen von ihnen herunter und von der rastlosen Bewegung waren sie so betäubt, daß sie nicht wußten, wie nahe sie dem Thron stünden und welche die Herrlichkeit sei, die sie trugen. Eben wollte die menschliche Gestalt des heiligen Wasgens zu ihm treten, als plötzlich sein Traumgesicht verschwand, so daß er noch unruhiger war, als er vorher gewesen.

Er wünschte die anschauenden Engel zu sehen und der prophetische Schlaf umfing ihn zum drittenmale. Die Seraphim standen da, zunächst dem flammenden Throne; aber ihre Angesichte waren verdeckt, verdeckt ihre Füsse und ihr Gesang war ihm unvernehmlich; bis Einer derselben zu ihm trat und ihn mitleidig anredete: „Und du Sterblicher wagest es, anschauen zu wollen, was wir nicht anzuschauen vermögen? Genüge dich an dem Gesicht, das dir die Träger des Thrones gaben: denn auch du bist mitten unter ihnen." Er sprachs und der Träumende erwachte.

Eben flog eine Mücke vor seiner Lampe daher; sie wagte sich in die Flamme und sank mit versengten Gliedern nieder. „War ich nicht thöricht, sprach er zu sich selbst, daß mich ein Engel belehren mußte, wovon mich diese verbrannte Mücke belehret?" — Er entsagte fortan den Betrachtungen der Seraphim und ward das, wozu der Mensch hienieden erschaffen ist, ein arbeitendes Lebendiges unter dem Throne.

Das heilige Feuer.

Als Jeremias die Verwüstung des Tempels betrauerte, waren alle dienstbaren Engel des Heiligthums um ihn und halfen ihm trauren. Auch Davids und Salomo's Seelen stärkten ihn und gaben ihm die süßen Gesänge, mit welchen er die Verwüstung ihres Werkes und ihres Volks beweinte. „Die Herrlichkeit Gottes, rief er, ist von hinnen gegangen; der Herr ist hingewichen an seinen Ort."

„Willst du nicht, sprach der Engel des Feuers, die Flamme des Heiligthums bewahren; vielleicht daß sich Jehovah erbarme und kehre wieder zurück zum Thron seines Hauses."

Und Jeremias nahm sieben Priester zu sich und verbarg das heilige Feuer in eine tiefe Grube, darinnen kein Wasser war.

Nach wenigen Tagen kam er hinzu und suchte dasselbe; er fand aber kein Feuer, sondern ein dickes Wasser, und trauerte sehr. Und der Engel des himmlischen Lichtes stand vor ihm und sprach: „warum traurest du, Mühseliger? Nie wird das Feuer des Herren wiederkehren an diesen Ort. Aber aus dem Schlamm dieses Wassers werden lebendige Ströme entspringen, die die ganze Erde befruchten. Es kommt die Zeit, da man nicht mehr wird zum Berge des Herren gehen, noch zu dem Ort seiner irdischen Wohnung: denn sein ist die Welt. Aller Himmel Himmel mögen ihn nicht verbergen und die Erde ist seines Fußtritts Schemel. Aber ein Licht wird aufgehen vom Herren und alle Völker werden im Glanz desselben wandeln, daß niemand seinen Bruder frage, wer Gott sey? sondern sie sollen ihn alle erkennen, klein und groß, und alle schöpfen aus dem Strome des Lebens."

Der Engel verschwand und Jeremias starb in der Verbannung. Als nach Jahrhunderten der zweite Tempel gebauet ward, da war kein heiliges Feuer mehr in demselben und keine Lade des Bundes, auch keine Stimme, den Herren zu fragen: das Allerheiligste stand leer. Aber aus der finstern Leere des Heiligthums entsprang ein Licht und aus der trüben Quelle dieses Tempels flossen Ströme der Erquickung für alle Völker der Erde.

Die Sterne.

Müde und matt war Daniel von seinen Gesichten der Zukunft, die ihm so oft seine Kraft genommen und ihn mit Schauder erfüllet hatten; als endlich Einer aus dem Rath der Wächter zu ihm sprach: „gehe hin, Daniel, und ruhe, bis das Ende komme, daß du aufstehest in Deinem Theil am Ende der Tage."

Gelassen hörte Daniel das räthselhafte Wort und sprach zum Mann im leinenen Kleide, der neben ihm stand: „meinest du, Herr, daß diese Gebeine werden wieder grünen? „Und der himmlische Bote nahm ihn bey der Hand und zeigte ihm den Himmel voll leuchtender Sterne. „Viele sprach er, so unter der Erde schlafen, werden erwachen; die Lehrer aber werden leuchten, wie des Himmels Glanz und die, so viel zum Guten gewirkt haben, wie die unvergänglichen Sterne." Er sprach's und berührte ihn mit seiner Rechte; und Daniel entschlief unter dem Anblick des Himmels und seiner hellleuchtenden ewigen Sterne.

IV.
Persepolis.

Eine Muthmaassung.

IX.

Serafina.

Eine Erzählung.

Ich kann es voraussetzen, daß den meisten meiner Leser die prächtigen Alterthümer von Persepolis bekannt sind, die in so vielen Reisebeschreibungen zum Theil mit großer Genauigkeit abgebildet worden. Kämpfer, Chardin, le Bruyn und noch neulich Niebuhr, ein Reisender, der an Sorgfalt und Wahrheitsliebe wenig seines Gleichen hat, a) haben die Abbildung derselben immer genauer zu machen gesucht und der Letzte insonderheit hat darauf den treuesten Fleiß verwendet. Wie kommts aber, daß diesen Be-

a) *Kaempf. amoenit. exot.* Fafc. II. Relat. 5. P. 305. — 353. *Chardin*, Voyages en Perse T. II. p. 140 — 197. *le Brun* Voyages T. II. p. 285. seq. Niebuhrs Reisebeschreibung B. 2. S. 121 — 165. Die übrigen, die von diesen Alterthümern gehandelt haben, s. in Meusels bibl. hist. Vol. I. P. II. P. 41. 42. Heyn'es Guthrie Th. 2. S. 238.

ſchreibern noch keine Erklärer nachgefolgt ſind, die über die Bedeutung ſo zahlreicher Figuren in ihrem Zuſammenhange einige nähere Unterſuchung angeſtellt und darüber wenigſtens Vermuthungen geäußert hätten? Mich dünkt, dieſe Alterthümer ſind der Betrachtung nicht weniger werth, als jene Aegyptiſchen und Griechiſchen Reſte, über welche doch beinah eine Bibliothek geſchrieben worden; und die ungeheure Anzahl von 1300 Figuren ſollte doch, wie ich glaube, uns von ihrer Bedeutung mehr errathen laſſen, als eine Hieroglyphenſchrift auf den Aegyptiſchen Obelisken. Ich lege nichts als eine Vermuthung dar, der ich Beſtätigung oder Berichtigung wünſche. Sobald in einer ſchweren Sache nur der Anfang gemacht iſt, werden mehrere gereizt, die Mängel zu verbeſſern und den unbetretenen Weg, auf welchem Einer auch nicht weit kam, weiterhin zu verfolgen.

Das Erste, was uns beym Eingange dieser prächtigen Ruinen aufstößt, sind die zweierlei riesenhafte Thiere, die vor der Treppe an den beiden Seitenpfeilern hocherhaben ausgehauen sind. b) Der Graf Caylus, c) der überhaupt diese Denkmale zu sehr durch ein Aegyptisches Foenglas sah, bemerkt in ihnen nur die Aehnlichkeit mit den Aegyptischen Sphynxen, mit welchen sie doch eigentlich wenig gemein haben: denn die beiden Thiere, die auswärts sehen, d) sind offenbar das erdichtete Einhorn, ein Fabelthier, das in ganz Orient bekannt ist; die beiden, die auf zwei andern Pilastern stehen, nach dem Berge hin sehen, e) hätten zwar mehrere Aehnlichkeit mit dem Aegyptischen Sphynx, sie sind

b) Kämpfer S. 336 *Chardin* p. 133. 134. Niebuhr S. 125. *le Brun* tab. 124.
c) Caylus Abhandlungen, Meusels Uebers. Th. I. S. 67.
d) Niebuhr Tab. XX. a.
e) Niebuhr Tab. XX. b.

aber dennoch, wie wir gleich sehen werden, gleichfalls von eigenem Asiatischen Gepräge.

Jedermann ist nämlich bekannt, daß der asiatische Bergrücken oder das Gebürge Kaf der alten Fabeltradition, das große Dshinnistan, d. i. der Sitz und das Vaterland tausend erdichteter Geschöpfe sei, die auf ihm wohnen. Hier ist das Reich der Peris und Divs; hier wohnt der Vogel Kaf, Simurgh oder Anka, der alle Sprachen spricht und solange gelebt hat, daß er die Erde siebenmal mit neuen Geschöpfen besetzt gesehen; hier sind jene unzähligen Wundergeschichten des Tamuras, Feridun, Rustem, Afrasiab u. a. vorgegangen, durch welche Drachen und Ungeheuer, der Rackshe, Soham, Uranabat, Eschder, u. f. bezähmt worden: f) Sagen, die längs dem

---

f) S. *Herbelot* art. Simorgauku, Solimau, Tahamurath, Div, Peri. etc. Richardsons Abhandlung über die Sprachen der morgenländischen Völker. Kap. 3. Abschn. 3. S. 202. Deutsch. Ueberf. *Bochart. Hierozoic.* P. II. L. VI. de animal. fabulos. et al. Wenn Chardus (B. XI.) von den Zierrathen Persischer Becher redet, vergisset er nie dieser erdichteten Thiere.

afiatischen Gebürge hingehn und mit Farben, die sich nach dem Charakter der Völker und Gegenden verändern, vom Kaspischen bis zum Weltmeer reichen. Es wird sich anderswo eine Gelegenheit darbieten, von diesen alten Geschöpfen der menschlichen Einbildungskraft ausführlicher zu reden; hier bemerken wir nur, daß weder das Einhorn, noch das andre geflügelte Fabelthier auf den Ruinen Persepolis aus Aegypten geholt, sondern völlig asiatischen Ursprunges sei; welcher Ursprung uns auch seine Bedeutung weiset.

Aus den Gedichten mehrerer morgenländischer Völker nämlich ist bekannt, daß sie die Bilder der Thiere vorzüglich zu Bildern der Menschen und Völker wählen, weil in der Sprache der ältesten Welt sowohl Tugenden als Laster, und jede vorzügliche Eigenschaft unsres Geschlechts nicht besser als durch eine Gestalt der Thiere ausgedruckt werden konnte. Die Thiergestalten, unter welchen Jakob seine Söhne und Moses die

Stämme seines Volks bezeichnen, g) Sind hier von Eins der ältesten Beispiele; das sogenannte Einhorn (Reem) ist schon unter diesen Bildern. Der Moabitische Segensprecher, Bileam, braucht es zweimal, um die Stärke des Volks, das er wider seinen Willen segnen mußte, zu bezeichnen; h) und in dieser Bedeutung wird es auch in dem alten Buch Hiob gebraucht, als das Symbol einer unbezwinglichen Stärke. i) Durch alle morgenländischen Dichter geht diese Bezeichnung; und eben in dem hebräisch-chaldäischen Propheten, der den Gegenden von Persepolis am nächsten lebte, in Daniel, finden wir nicht nur diese Manier erdichteter Thiergestalten, als Sinnbild der der Völker, am ausgezeichnetsten; sondern er hat sie auch den künftigen Sehern seiner Nation

---

g) 1. Mos. 49, 9. 14. 17. 21. 27. 5 Mos. 33, 17. 20. 22.
h) 4 Mos. 23, 22. Kap. 24, 8.
i) Hiob. 39, 9. 10. In den Psalmen gleichfalls Ps. 92, 11. 22. 22. 29, 6. Jes. 34, 7.

gleichsam vestgesetzt und zum Muster gegeben. Ihm ists ganz gewöhnlich, Reiche als Thiere zu sehen; und gerade erblickt er Thiere, wie sie auf diesen Mauern stehen: einen Löwen mit Adlersflügeln, einen Bären mit Elephantenzähnen, einen geflügelten Leoparden, ein gehörntes Thier mit zertretenden Füssen und zermalmenden Zähnen, Widder, Böcke mit langen Hörnern; und alle diese Bilder setzt er jedesmal in so veränderter, fabelhafter Composition zusammen, als es der Sinn erforderte, der durch sie angezeigt werden sollte. k) Da nun Daniel die beste Zeit seines Lebens unter dem Medischen Darius bis auf den Cyrus der Perser gelebt hat, da er außer Palästina erzogen war, und in ihm alles einen ausländischen, und zwar gerade den

k) Dan. 7. 8. Esra's viertes Buch und Johannes Offenbarung, nebst einer Reihe andrer Offenbarungen, und späterhin sämmtlich in dieser Art von Composition der Bilder.

Geist dieſer Gegenden athmet: ſo könnte uns, auch nur aus dieſem einzigen Datum, die Bedeutung ſolcher Compoſitionen nicht fremde bleiben. Wir wüßten alſo, was es ungefähr heißt, wenn in andern Feldern dieſer Ruinen der Löwe das Einhorn hinterwärts anfällt, l) oder wenn Helden und Könige Thiere dieſer Art beym Horn faſſen und durchbohren. m) Es war die gewohnte Zeichenſprache dieſer Gegenden: „Geſchöpfe ſolcher Art bedeuten feindſelige Gewalten und Mächte;" der Hauptbegriff des Symbols, von dem wir reden, war unaufhaltſame, fürchterlich zuſammengewachſene Stärke.

Wenn alſo das Einhorn, der Natur der Sache unter der Bilderſprache in Orient zufolge, Stärke bedeutet; was wird das andre, das geflügelte Thier bezeichnen? Ohne Zweifel mächtige

l) Niebuhr tab. 33. unten.
m) Niebuhr tap. 34. Kämpfer S. 334.

Weisheit. Es hat ein Menschen-Angesicht und außer seinen Flügeln ein Diadem auf dem Haupt: wahrscheinlich also nichts als eine Ableitung jenes weisen, vornehmen Fabelthiers auf dem Gebürge Kaf, das so viele Sprachen spricht und eine hohe Herrschaft über die Erde führet. Will man es den Persischen Sphynx nennen, so ist es wenigstens nicht der Aegyptische Spynx: denn es ist aus ganz andern Veranlassungen in andern Regionen erwachsen. Es ist keine weibliche Figur, wie der Sphynx in Aegypten war; sondern ein bärtiger Mann: das Diadem ist auf seinem Haupt: man siehet ihn auf keinem Felde dieser Ruinen im Streit, daß er von einem Thier angefallen, oder von einem Menschen getödtet werde u. f. Er stehet also dem Einhorn in seinen Attributen entgegen; und da an sprechenden Thieren dieser Art Asien reich ist, so daß sich Mährchen von ihnen bis unter die Mongolen, ja zu den Tungusen hin verbreitet haben, so dünkt mich, sind die Symbole an diesen beiden Figuren so klar gegeben, wie bei irgend Einem Gesicht Daniels, Esrä oder der Apokalypse. Der Schmuck, den beide Thiere an sich haben, ist in der Tradition gegründet und wird in jeder Beschreibung der Morgenländer von ihnen reichlich wiederholet. Noch jener Al; Borak, auf welchem Muhammed in den Himmel fuhr, war ein Thier dieser Art, größer als ein Esel, kleiner als ein Maulthier. Er hatte ein Menschengesicht und Pferdsgebiß; die Mähne seines Halses war von feinen Perlen, umstralt wie Licht, und alle seine andern Glieder bis auf seinen Schweif waren mit Edelgesteinen aller Gattung gezieret. Er hatte Adlersflügel und eine menschliche Seele; er verstand was man sprach, er konnte aber nicht sprechen und antworten; mit Perlen und Edelsteinen war er besäumt und umgürtet. n) — Muhammed und seine Nachfolger

n) Gagnier. Vie de Mahomed T. I. L. II. c§ al. al.

erfanden dieses Bild nicht; es war in hundert andern Erzählungen als gemeine Tradition gegeben. Einigen apokryphischen Büchern der Ebräer, z. B. dem vierten Buch Esra, o) liegen eben dergleichen sprechende Thiergestalten zum Grunde; noch in der Apokalypse sind die beiden Symbole des starken und des weisen oder listigen Thiers nach dem Zwecke des Buchs aus der alten Tradition känntlich. p) Wir haben also allen Grund, bei unsern Ruinen diese beiden Bilder als **Symbole der Macht und königlichen Weisheit,** beide aber als **Staatsbilder,** anzunehmen. Die Stärke bewahrt die äußere, die Weisheit die innere Pforte des Pallastes; jene ist auswärts, diese nach innen gekehret.

Man fodre nicht, daß ich aus andern Schriften, z. B. aus dem Zend-Avesta alle Stellen der Fabeldichter, die hieher gehören, sammle.

o) 4 Esr. 11. 12.   p) Offenb. Kap. 13.

Da diese letztgenannten Bücher wenigstens Theils weise gewiß aus einer spätern Zeit sind, als in welcher Persepolis erbauet worden: so können sie nichts als liturgische Commentare dessen seyn, was hier in ältern einfachern Bildern dastehet; und das sind sie reichlich. Jeder, der sie durchlaufen hat, weiß, wie viel z. B. jener vernünftige Stier, der König der Thiere, im Zend-Avesta gelte; was gleichergestalt jener Esel in Feröckhand, mit sechs Augen, neun Mäulern, zwei Ohren und Einem Horn, der von himmlischer Speise lebt, und jener Vogel, der die Sprache des Himmels spricht, in ihm bedeute. q) Man sieht, daß diese Liturgien auf alte Landestraditionen gegründet; größtentheils aber, insonderheit im spätesten Buch Bundehesch, schon so zum System geordnet sind, daß sie zwar bekräftigen und erläutern, nicht aber als ursprüngliches Fundament dienen mögen. Und

---

q) S. d' Anquetil Zend-Avesta T. II, im Register Ane, Taureau, Oiseau u. f.

Persepolis.

so werde ich sie auch fernerhin in dieser Erläuterung gebrauchen.

Gnug; weder das Einhorn, noch der persische Sphynx r) sind Aegyptischen Ursprungs; sie sind auch nicht auf Aegyptische Art gebildet. Sie liegen nicht, wie der Aegyptische Sphynx vor einem Tempel, sondern stehen in der Mauer des Pallasts, nicht einwärts, sondern erhoben gearbeitet, so daß, da sie noch unverletzt waren, ihre Köpfe und ihr halber Leib aus dem vesten Marmor herausstand. Auch ist der Tritt dieser Thiere belebter, als er bey den Aegyptischen Thierbildern, selbst bei denen auf der Isischen Tafel, gefunden wird. Große Denkmale der alten Zeit,

---

r) Niebuhr hat Tb. 2. tab. 20. A). b. d. e. einige fabelhafte Thiere der alten Perser aus Münzen und Siegeln gegeben, die meine Gedanken sehr erläutern. Aus B, mit b. verglichen, siehet man, wie Ein und dasselbe Thier verschieden vorgestellt werden konnte; es waren, wie im Buch Daniel und Esra, symbolische Thiere.

auch ihrer Gestalt nach: denn die Entfernung vom vordersten bis zum hintersten Fuß eines Thiers beträgt 18 Schuh, und es ist aus dem härtesten Stein mit großem Fleiß gearbeitet.

* *

Von den Thieren also als Bewahrern dieses Pallastes steigen wir zu den menschlichen Figuren, deren ungeheuer viel sind: indessen ist die Hauptfigur ihrer aller känntlich gnug und oft wiederholet. Es ist der gehende oder stehende Mann, s) mit dem längsten Bart unter allen tausend Figuren, der offenbar einen Vornehmen, (er sei nun Priester oder König) vorstellt und zu dem die andern zahlreichen Reihen wallfahrten. Er ist von ansehnlicher Länge; hervorragend über die, die hinter ihm stehen und den Wedel

―――――
s) Niebuhr tab. 25. c. le Brun. tab. 129. itgleichen S. 133. Nach Niebuhr ist sein Turban wirklich mit Golde bedeckt gewesen.

und Fächer über ihn halten. Mit einem persischen goldnen Turban ist er geschmückt, und über ihm schwebt eine himmlische Gestalt, die allenthalben mit ihm gehet; t) auch wenn sie nur mit einer Abkürzung über ihm schwebet. u) Die schönste Stellung ist die, da diese Person steht und mit der himmlischen Gestalt zu sprechen scheint — auf jenem prächtigen Grabmahl, das zwar nicht mit diesem Pallast zusammenhangt, offenbar aber dieselbe große Vorstellungsart befolget. x) Wir fragen also: wer ist die himmlische Gestalt, die über dem Haupt oder vor dem Angesicht des edlen Sterblichen schwebet? wer ist dieser erhabene Mann selbst? und wer sind die zahlreichen Heere, die zu ihm wandern? Sind diese drei

---

t) Chardin tab. LXII. J. in S. 146. le Brun tab. 143.
u) Chardin tab. LXIII. LXIV. le Brun tab. 143.
x) Kämpfer S. 323. le Brun 158. Chardin LXVII. LXVIII.

Fragen aufgelöset: so sind auch die Ruinen erkläret.

1. Die schwebende Gestalt hielt Hyde für ein Bild der Seelenunsterblichkeit, oder vielmehr für ein Symbol der Auffahrt Guschasps auf den Berg Dummavand; y) eine Muthmaaßung, die von keinem einzigen Umstande des Symbols unterstützet wird. Nach Kämpfer, Chardin, le Brun u. f. schwebt die Figur auf dem Grabmal dem Sprechenden entgegen, nicht von ihm weg, wie Hyde sie abgebildet hat; z) und in allen an-

y) Hyde de relig. vett. Pers. p. 306.

z) Tab. VI. p. 198. Er hat sie wahrscheinlich aus Chardin tab. LXVIII, wo die schwebende Gestalt, verglichen mit Kämpfer S. 313. und Chardins eigner Tafel LXVII. offenbar verzeichnet worden. Niebuhr hat diese Tafel nicht, und in der Bryn ist sie unförmlich; sie verdiente also noch die Berichtigung aus Niebuhrs Papieren. Wäre Hyde's Abbildung die rechte, so könnte man die schwebende Gestalt oder den Feruer des Königs in der Sprache des Zend-Avesta nennen, d. i. seine eigne geistige himmlische Gestalt, die ihn begleitet.

dern Vorstellungen auf den Mauern Persepolis
ist sie gerade über dem Haupt des lebenden, ge-
henden, sitzenden, Gerichthaltenden Königes.
Auf dem Grabmahl hat sie die Sonne am Ende
der Wand hinter sich: der Altar mit dem heiligen
Feuer stehet in einiger Entfernung vor Dem, der
mit dieser Gestalt spricht; sein Auge ist weder
auf die Sonne, noch auf den brennenden Altar,
sondern auf sie gerichtet. Daß in der Persischen
Religion dergleichen Gespräche zwischen heiligen
Personen und der Gottheit oder den himmlischen
Geistern und Genien geschahen, bedarf keines
Erweises; der halbe Zend-Avesta ist voll solcher
Gespräche, denen ich, wenn die Redenden in
ein Bild gestellt werden sollten, kein einfacheres als
dieses zu geben wüßte. a)

a) Zend-Avesta Vol. II. P. I. im Vendidad, im Leben
Zoroasters selbst u. f. (Die Jescht Sades, Nedsch
und Sarvardius (Vol. III.) enthalten eine lange Reihe solcher Anbetungsgrüsse (Jeschne) an die Ho-
ruer's (Kreuschim) und andre himmlische Wesen,
manche fast in der Manier der Orphischen Hymnen.)
Anmerk. der zweiten Ausg.

Possepotte.

Und wie wird dieß höhere Wesen hier vorgestellet? Als eine bekleidete menschliche Gestalt, die unter der Brust in Flügel und Schwungfedern sich verlieret; das Symbol trägt seine Bedeutung mit sich. Daß die Menschen für die Gottheit oder für himmlische Geister keine edlere als die menschliche, und die Morgenländer insonderheit die königliche Gestalt gekannt haben, beweisen die Religionen aller Völker. Da aber der untere Theil unsers Körpers am meisten den Bedürfnissen unsres irdischen Daseyns bestimmt ist, so kam es darauf an, ihn des höhern Wesen zu verhüllen oder durch Symbole zu verwandeln. In Indien steigen einige Götter und Göttinnen aus Blumen hervor und zeigen sich auf dem Kelch derselben mit dem Obertheil ihres Körpers: Bei den Ebräern war Gott entweder ganz unanschaubar, (auch jene Aeltesten auf Sinai sahn nur Himmel unter seinen Füßen, d. i. den glänzenden Schemel seines Thrones; b)

b) 2 Mos. 24, 10. Jes.

oder: als Jesaias ihn erblickte, war er ein fast
verhülleter König. Der Saum seines Kleides
füllete den Tempel; die Seraphim, die um ihn
stehn, bedecken ihre Füße mit Flügeln; und als
späterhin Ezechiel, außerhalb Judäa, den Gegenden Persepolis näher, diese Erscheinung sah,
war sie der persischen, die wir vor uns haben,
sehr ähnlich. Der Unanschaubare schwebte über
vier Thiergestalten c) wie hier auf Adler-Fitti-
gen der nur Oberhalb-Anschaubare schwebet.
Daß diese Fittige ein Symbol der Schnelle und
Stärke sind, bedarf keines Erweises: d) mit Ad-
lersfluge ist der Erscheinende da und über allenthalben die Macht des Königes der Gefieder. Wo
auf diesen Ruinen die himmlische Gestalt selbst
nicht erscheint, da erscheinen diese Schwingen,

c) Ezech. Kap. 10.

d) Noch in den Chaldäischen Schriften 2 Mos. 19, 4. u. a.

X

das Symbol ihrer unsichtbaren Gegenwart und leisen, schnellen, mächtigen Wirkung. e)

Und diese Gestalt hat einen Ring in der Hand, so wie sie auch mit einem Ringe f) gegürtet ist; was will dieser Ring sagen? Er ist bei allen morgenländischen Nationen das Bild der Zeit oder der Ewigkeit, zu deren Symbol man nichts als den Cirkel, Ring, Reif oder

---

e) S. Chardin Tab. LXIV.

f) Nach Kämpfer S. 313. ists eine Schlange; (Nach Thevenot ists ein Bogen; nach neuern vielleicht genauern Bemerkungen sind die beiden Enden des heiligen Gürtels der Parsen, in welchen sich die schwebende Figur wie in einem Ring verlieret. S. de Sacy Mem. sur diverses antiquités de la Perse. Paris 1792. Wäre diese Angabe genau, so bestärigte sich die vorangegebne Ihnen Bedeutung: Chardin sagt: cette figure est fort petite et fort elevée; la meilleure vue a peine d'en reconnoître les traits en la regardant d'en bas. Es wäre gut, wenn künftige Reisende dies Symbol in völlige Gewißheit setzten.) Anmerk. der zweiten Ausgabe.

eine in sich zurückkehrende Schlange oder endlich die Kugel wußte. Nun ist aus Zend-Avesta bekannt, daß die Zeit ohne Gränzen (le tems sans bornes) das erste Principium der ganzen Perser-Theologie gewesen; und wenn dieser Idee ein Attribut gegeben werden sollte, konnte ihr wohl ein anderes als dieses gegeben werden? Er, der mit dem Ringe der Ewigkeit umgürtet ist, hält den kleinen Ring, die Zeit, in seiner Hand; welches letzte Symbol, wie wir bald sehen werden, vielleicht noch eine nähere Beziehung auf Den hat, der hier mit der himmlischen Gestalt redet. So wäre also dies Bild erklärt, und ich muß sagen, daß die Vorstellung desselben auf diesen Gräbern*) eine Hoheit und einfältig reine Pracht hat, die vielleicht einzig ist in einem so alten Denkmale: denn die Idee ist simpel und die Verzierungen sind im größesten Geschmack, gegen welche man

---

*) Sie ist sechsmals wiederholt S. Kämpfer Fig. IV. V. VI. VII. p. 307.

ches andre hochgefeierte Kunſtwerk, wie eine Hütte gegen einen Palaſt, erſcheinen würde. Prächtige Säulen, Reihen von Menſchen und Thieren, tragen die einfache Vorſtellung zweier Redenden, die nichts als die Sonne und Altar neben ſich haben, einer ſchwebenden Geſtalt und eines vor ihr ſtehenden Menſchen.

2. Wir kommen zur **Hauptperſon** dieſer Gebäude, die bald ſtehend, bald ſitzend, immer aber ausgezeichnet, geehrt von Menſchen und von der Gottheit begleitet, vorgeſtellt wird; wer iſt dieſelbe? ein König oder ein Prieſter? Die ganze Vorſtellung ſagt: kein bloßer Prieſter. Auf der Fazade der Gräber, von welcher wir eben geredet haben, hat er einen Bogen in der Hand, welches Attribut allein ſchon entſcheidend wäre. Außerdem hat er allenthalben einen Turban auf dem Haupt, wie ihn die ſchwebende Geſtalt und nur wenige andre Perſonen, offenbar

die Vornehmsten, haben. Er verrichtet kein priesterliches Geschäft, selbst da der Altar vor ihm ist, von welchem er entfernt stehet; wohl aber verrichtet er königliche Geschäfte. Er sitzet und richtet das Volk; g) der lange Königsstab ist in seinen Händen: sein Stuhl ist königlich geschmückt und die vor ihm stehen, nahen sich demselben nur in der Entfernung; h) auch ist der ganze Zug zu ihm offenbar kein Opferzug mit Opfergeräthe, sondern ein Zug der Unterthanen und Diener des Königes, und zwar der Diener aus allen Ständen, der Unterthanen aus allen Provinzen. Edel unterscheidet sich die Gestalt des Königes an Einfalt, Größe und männlichem Ansehen: vom weibischen Gepränge der späteren Perserdespoten ist er noch weit entfernt. Seine goldne gerade Tiare ist wie der Kopfschmuck seiner obersten Diener; nur die Tiaren niedrerer Diener sind faltig. Ein

X 3

g) Chardin Tab. LXIII.
h) Chardin Tab. LXIII. LXIV.

Zweig wird, nach der bekannten Sitte Orients, über seinem Haupt gehalten; vielleicht der heilige Zweig, Barſom. i) Iſt dies ſo wäre die Perſon, die ihn hält, auf der Einen Tafel wahrſcheinlich ein Prieſter. k) Die vor ihm ſtehen; beten ihn nicht an, ſondern ſtehen gerade, Mann und Weib; l) lauter Kennzeichen von der Einfalt

i) Zend-Aveſt. T, III. p. 532.

k) Er hat das Penom um den Mund und die Prieſtermütze. (Nach deutlichern Abbildungen und der von Anquetil gegebnen Abbildung des Barſom nebſt der Nachricht vom Gebrauch deſſelben iſts dies nicht; ſondern nach Niebuhr und nach Reinhold Sorſters Bemerkung wahrſcheinlich „ein Fliegenwedel, vielleicht von einem Tibetaniſchen Ochſen, den eine junge Perſon hinter ihm hält. Sie hat den Penom vor dem Munde, um mit ihrem Hauch das heilige Feuer nicht zu verunreinigen." S. Frankllns Bemerkungen auf einer Reiſe nach Perſien. S. 105. Der leinene Verband des Mundes hieß Penom oder Padom. Anmerk. der zweiten Ausg.)

l) Chardin Tab. LXIII. Le Brun tab. 157.

alter Zeiten. Das Merkwürdigste in seiner Hand ist eine Art von Gefäß, wie eine Blume gestaltet mit einem Kelch und zwei Knospen; m) der hinter seinem Stuhl steht, hat auch ein solches Gefäß, aber kleiner und ohne Knospen. Es muß etwas Wesentliches seyn, denn es findet sich bei allen Vorstellungen dieser Person, sie gehe oder sitze; außer wo sie auf dem Grabmal mit der schwebenden Figur redet. Wahrscheinlich wird uns also dies Gefäß, ein Becher in Blumengestalt, Belehrung über Den geben, der hier vorgestellt wird; vielleicht auch den Schlüssel zur Eröfnung des Sinnes mehrerer Figuren. Wir können ihn nirgend als in der Tradition der Morgenländer selbst suchen, so wie wir ja die alten Denk-

m) Daß es ein Gefäß sei, ist insonderheit aus Niebuhr ersichtlich, ob es gleich Chardin beinah zu einer Blume verschönt hat und auch als solche erklären will. Selbst aber im Zuge tragen mehrere Personen dies Attribut, wo man offenbar sieht, daß es ein Gefäß und keine Blume sei.

male der Griechen nicht aus einer fremden, sondern aus ihrer eignen Mythologie erläutern.

Die Sage der Perser sagt nämlich, n) daß einer ihrer alten und berühmtesten Könige, Dshemschid oder Dshiamschid diese Denkmale gebauet habe, nachdem sein Vorgänger Tahamurab oder Tehmuras zu ihnen den Grund geleget. Beide Könige gehören in die Fabelzeiten der persischen Geschichte; die Erzählungen von ihnen müssen also auch als Mythologie behandelt werden, die vorjetzt aber zu unserm Zweck, zur Erklärung dieser Vorstellungen, in der Denkart des Landes dienet.

Als nämlich Dshemschid, so sagt die Fabel, den Grund zur Felsenstadt (Estekhar, Persepolis) legte, fand man ein Gefäß von Türkis, das man seiner Kostbarkeit wegen Dshiamschid, das Gefäß der Sonne nannte, (da Schid die Sonne und Dshiam ein Gefäß heißt.) Alle Persische

---

n) Herbelot art. Giam. und Giamschid: Niebuhr S. 125.

Dichter, sagt Herbelot, reden von diesem Gefäß oder dem Becher Dshiam und allegorisiren dasselbe auf tausend verschiedene Arten. In Dshemschids Händen, (dessen Name eigentlich mit dem Namen des Gefäßes Einerlei ist,) machen sie's zu einem Becher der Weisheit, zu einem Spiegel der Welt, in dessen Glanz er die Natur, alle verborgene, ja auch die zukünftigen Dinge gesehen habe und gaben diesen Namen späterhin sogar der Himmelskugel, ja jedem Buch, das die Welt wie in einem Spiegel darstellen sollte. Aehnliche Fabeln kennen wir vom Becher Josephs, Nestors u. a.; keine aber ist so ausgebildet worden wie diese, weil sie mit dem **Namen des Königes** zugleich den **Charakter seiner Person und seiner Regierung** ausdrückt. Er war nämlich der Persische Salomo dieser alten Fabelzeiten, dem alle weise Einrichtungen des ehemaligen, glücklichen Perserreichs zugeschrieben werden. Er theilte, so sagt die Sage, seine

Unterthanen in drei Claſſen, in Krieger, Ackerleute und Künſtler; von den Bienen lernte er
Ordnung ſeines Reichs und Vertheilung der Aem-
ter: er ordnete das Hofgeſinde, erfand die Leib-
wache, zierete den Richterſtul und ſeinen Thron.
Die Stände unterſchied er durch Kleider und An-
zug, führte den Gebrauch der Ringe ein und was
das vorzüglichſte iſt, er ordnete das Jahr. Das
alte Perſiſche Jahr heißt Dſhemſchids Jahr
und hat bis auf die Zeiten Yezdegerds gedauret.
Sieben Provinzen ſoll er ſeinem Reich unterworfen haben und ſeine Regierung ſo glücklich geweſen
ſeyn, daß ſelbſt der Zend-Aveſta ihn, deſſen Religion er doch eigentlich verdrängen oder verbeſſern wollte? aus Ormuzd Munde als das Muſter eines vortefflichen, reichen, glücklichen Königes lobet. o) Seinen Einzug zu Iſthekhar,
(Perſepolis) hielt er, der Sage nach, als die Son-

---

o) Zend-Aveſta T. I. P. II. Farg. II. und im Regiſter
des zweiten Bandes. Dſchmſchid.

ne in das Zeichen des Widders trat und eben mit diesem Einzuge begann seine Aera. Also, nach der persischen Landessage wären die Vorstellungen auf den Ruinen Persepolis die Königs=Geschichte dieses alten Perser=Königes, als eines Gründers des Persischen Reichs; sie enthalten die Thaten und Einrichtungen seiner Regierung; und die Vorstellung auf dem Grabmahl wären zuletzt seine bescheidene Apotheose. Lasset uns die Hauptstücke des Denkmals durchgehn und wir werden den Grund finden, warum es der alten Sage nach Tacht=Dshemschid, d. i. Dshemschids Schloß oder Cupole heißt. Möge es errichtet haben, wer da wolle; gnug, die Vorstellungen enthalten das Ritual und Ideal eines Perser=Regenten und Reichsverwalters unter Bildern der alten Dshemschid=Geschichte.

Zuerst also müssen wir das Gefäß der Sonne betrachten, das, der Sage nach, Dschemschid bei der Grundlegung Isthekhars fand und daher hier sitzend und stehend, ja sogar im Kampf mit einem Ungeheuer in der Hand hält: es ist das **Symbol seiner Person und seines Namens**: denn Dschemschid heißt ein Gefäß der Sonne und zwar, wie die Tradition sagt, hieß er also wegen seiner Weisheit und Schönheit. Was wissen wir nun von diesem Gefäße?

Ich wollte, daß wir aus dem Munde der Morgenländer mehr davon wüßten und das Herbelot von den hundert Allegorien, Gedichten und Mährchen, die davon reden sollen, einige angeführt hätte; *) indessen sind wir doch nicht

---

*) „Jami jim, der Becher oder Spiegel Dschems, Salomons, Alexanders. Nach den morgenländischen Fabulisten stellet er das Weltall dar, daher er auch Dscham-Dschean numa, ein Spiegel des Weltalls, ein Pharos heißt." Richardsons Persisches Wörterb.

ganz ohne Berathung; Weltbekannt war sogar auch den Griechen jener heilige Becher, aus dem die Perser Opfer goſſen, der seiner Gestalt nach Geheimniſſe der Weltschöpfung und der Befruchtung der Erde vorstellen sollte und daher sowohl dem Namen, als dem Gebrauch nach vom gewöhnlichen Becher unterschieden wurde. p) Da Xerxes z. B. seinen goldnen Becher und seinen Säbel in den Hellespont wirft, warf er zuerst dies heilige goldne Gefäß (Φιαλην) hinein, aus welchem er bei aufgehender Sonne geopfert hatte; um mit dieser, der schätzbarsten Gabe, die er ge-

---

p) Athenaei Deipnosoph. L. XI. p. 477, 478. edit. Casaub. Die verdorbene Stelle heißt also: το δε Κονδυ εςι μεν Περσικον, την δε αρχην ην ως ὁ κοσμος, εξ ȣ τα των θεων θαυματα και τα καρποσιμα γινεϑαι επι γης. διο εκ τουτȣ σπενδεϑαι. Seine Etymologie, nach welcher cavum collum, oder γλημμα heißt, s. in Moſych. edit. Alberti T. II. p. 311.

ben konnte, das Meer zu versöhnen. q) Also war diese goldene Phiale, das heiligste Gefäß der Könige, ein Opfergeräth, das schon als solches der Becher der Sonne heißen konnte.

Zugleich aber auch ist bekannt, wie gern die Perser, wenn sie vom Guten der Schöpfung, zumal von Königen sprachen, Bilder von der Sonne nahmen. „Ansehend wie die Sonne, wohlthätig, gütig, schön," glänzend wie die Sonne, ein Gefäß, ein Edelstein, ein Bruder der Sonne" u. f. waren gewöhnliche Beinamen der Könige, ihre Vortreflichkeit, so wie ihr Amt zu bezeichnen. Die heilige Phiale in Königs-Händen, hier wie eine Blume gestaltet, konnte also, da sie der Becher der Sonne hieß, und das heiligste Opfergeräth war, nach Persischer, im ganzen Send-Avesta bezeichneten Weise das schönste Königsymbol werden; ein Symbol nämlich der Hei-

q) Herod. L. VII. c. 54. p. 536. edit. Wesseling.

ligkeit und Würde seiner Person, seines Glanzes und Ansehens, insonderheit aber der Segenreichen Fruchtbarkeit, womit Er die Erde zu beglücken habe. Dies sagte der Name Dshemschid, und so werden die Uebergänge klar, die man mit Persisch=morgenländischem Witz von diesem Sonnengefäß zum Becher der Unsterblichkeit, dem Spiegel des Weltalls; in spätern Zeiten gar zum Gefäß der Chemie; zum philosophischen Stein machte. Erweiterungen die mit dem Namen Becher der Sonne, Gefäß der Sonne dem fabelnden Geist Persischer Dichtung alle gegeben waren. r)

r) Im Zend-Avesta ist das heilige Gefäß Hapan, in welchem die Parsen den Saft der Unsterblichkeit bereiten; der Sage nach hat eben jener Hom, der ihnen das Gewächs der Unsterblichkeit gab, auch unter Dshemschid gelebet. S. Zend-Avesta art. Havan, Hom etc. Ueberhaupt hielt der Name Becher der Sonne, Gefäß der Sonne nach dem Sprachgebrauch der Perser alle Bilder von Vortrefflichkeit,

In der Hand Dshemschids sehen wir dies Gefäß also an Stelle und Ort; es bezeichnet seine Königs-Würde, wie seine Person, seine Pflicht, seinen Namen. Er fands, der Sage nach, als er zu dieser Felsenstadt den Grund legte und hält es in der Hand, als König daraus der Sonne zu opfern und als Sonne sein Reich zu segnen.

Nach dieser Erklärung verbreitet sich von der Person Dshemschids ein Licht auf alle Figuren dieser Säulen und Mauern. Warum z. B. wird der König bald gehend, bald sitzend auf dem Königsthron, allentalben aber von der himmlischen Gestalt begleitet und auf dem Grabmahl sogar mit ihr redend vorgestellt? Die Geschichte Dshem-

Güte, Weisheit, Seligkeit in sich. Der Name Mircond, aus Mircvand, Mircavend zusammengezogen (da Mihr die Sonne und Kondy ein Gefäß heißt) desgleichen Rhondemir, Dshemschid, Mithra's Becher, der Edelgestein Mithra's u. s. f. sind alle Eins.

schids weiß von dem Allem zu erzählen. Im
Zend-Avesta ist Er der Erste, der Gott gefragt
hat und eine große Rede Ormuzd an ihn wird
ausführlich beschrieben. s) Den Thron und Rich-
terstuhl, die Ordnungen und Stände der Menschen, ihren Schmuck und Kleidung hat Er der
Sage nach bestimmt; darum sitzt er auf diesem
Stuhle mit seinen Ehrenzeichen: darum begleiten
ihn diese nach der von ihm eingerichteten Art: darum kommen zu ihm alle Classen und Stände in
ihrer verschiedenen Kleidung. Bis auf den
Schmuck des Ohrs ist diese ausgedruckt und durch
Felder sind die Provinzen des Reichs unterschieden.
Die Ringe, die er zum Gebrauch gemacht haben
soll, sind in diesem feierlichen Zuge auch nicht vergessen; ja endlich der große Ring, den er angeord-
net, Dshemschids Jahr, wird, wenn auf
dem Grabmahl das Attribut recht bemerkt ist,

---

s) Zend-Avesta T. I. P. II. p. 271.

Y

noch das eigentliche Symbol seines Lebens. Die hänmliche Gestalt, mit dem großen Ringe der Ewigkeit umgürtet, hat den kleinen Ring, die Zeit, den Zodiakus, das Sonnenjahr in ihrer Hand, als ob sie ihn darüber belehrte. Und die Sonne schwebt hinter dem Belehrenden über dem Altare, deren Lauf Er, Dshemschid, maaß, deren Bild er darstellte. Auch das erste Gesetz hat Er empfangen: darum stehet vor ihm der heilige Altar, vor welchem er in weiter Entfernung mit der Gottheit redet. Kann ein Denkmahl die Person eines Königes in Bildern würdiger ehren? Und es ist Eine und die nämliche Person, die diese Ruinen fortgehend in königlichen Verrichtungen und Attributen auf allen Wänden des Pallastes feiern; sogar die beiden Räthe, die hinter des Königes Stuhl stehen, hat die Tradition nicht vergessen und erzählet von ihnen. t)

t) Sie macht den Einen zum Juden, den andern zum Griechen Pythagoras; (S. Herbelot, Artik. Giam-

3. Die dritte Frage erledigt sich damit von selbst: wer sind alle diese Hunderte von Figuren, die zum Könige ziehen? und deren kleinste Zahl noch übrig ist. Seine Unterthanen und Diener. Der Sage nach war*) Dschemschid, der die Rangordnungen unterschied, die Leibwachen einführte, die Stände und Kleidungen seines Volks bestimmte u. s.; hier folgen sie also in dieser großen Anordnung nach einander. Hier gehen Soldaten mit Spießen in der Hand, den Köcher auf dem Rücken die Treppe hinauf; dort folgen in abgetrennten Feldern die mancherlei Stände aus mancherlei Provinzen. Den Ersten des Feldes nimmt immer ein Königsdiener bei der Hand und führt ihn ein; Künstler und Ackerleute in den verschiednen Trachten ihres Landes

---

schid.) Texeiro (relaciones del origen de los Reges de Persia l. 1. c. 6.) nennt Snëlasuf Raboni und Sneixa Gorres, zwei Aerzte, als Dschemschids Vertrauten.

folgen. Der Eine bringt Kleider und Gewande, der andre bringt in Schaalen und Gefäßen die Früchte seines Landes: dieser kommt mit seinem Pferde oder Kameel, jener mit Ziegen, ein andrer mit seinem Ochsen und Ochsenkarren, der Schmid mit seinen Hämmern, der Beamtete mit seines Amts Insignie daher; allenthalben aber sind die von Dſhemſchid errichteten Einrichtungen känntlich. Wären die Ruinen ganz: so hätten wir die älteste politische Reichs- und Volks-einrichtung auf ihnen, die sich vielleicht irgendwo in der Welt findet. Man würde die verschiedenen, durch Cypressenbäume von einander getrennten Felder mit den **Provinzen des damaligen Perserreichs** zusammenhalten können und eine Art der alten Statistik desselben, eine **Land- und Königscharte** haben, wie sie, als Monument betrachtet, auch Sina nicht aufzeigen könnte.

Persepolis.

Und selbst die Handlung des ganzen Zuges, ja die Zeit der Handlung ist von der Sage bemerket. Als Dschemschid seinen Einzug in Istekar hielt, (so erzählt die Sage,) war das große Fest Persiens, mit welchem die neue Aera anfing, der Anfang des astronomischen Jahrs, die Tag- und Nachtgleiche des Frühlings; es ist seit ihm auch alle Jahrhunderte hin das große Fest Persiens, der Geburtstag der Welt, der Geburtstag des Reiches geblieben. Am Fest Noruz, u) dem ersten Tage des Jahrs, an welchem Ormuzd die Welt erschuf und das Gesetz gegeben worden, an diesem Fest der Sonne wars, (sagt die Erzählung) da auch ihr irdischer Sohn sich seines Werks, der Schöpfung des Reichs erfreuen sollte; an ihm wurden dem Könige Geschenke gebracht von allen Ständen, aus allen Provinzen.

---

u) S. darüber Hyde de relig. vett. Pers. Cap. XIV. XV. Zend-Avesta T. II. P. 574. T. I. P. II. p. 367. et al.

An ihm war einst der große Zug gehalten, der auf diesen Mauern vorkommt, und war jährlich wiederholt: denn auch die sechs Gahanbars des Jahrs, die Feste der Schöpfung, hatte, der Sage nach, Dshemschid geordnet, x) und das Erste dieser Gahanbars, **den großen Schöpfungs- und Sonntag des Reichs** schildert dies Denkmal. z) Ein offnes Archiv seiner ältesten Einrichtung, **ein Ritual der ältesten Persersregierung,** auf ewige Zeiten, dem menschlichen Geist also auch noch in jeder Trümmer merkwürdig. —

x) Zend-Avesta T. II. P. 575. Hyde et al.

z) **Chardin,** ein vortreflicher Reiseerzähler, hier aber eben nicht der beste Erklärer sieht das ganze als einen Opferzug an, wo z. B. jede an der Hand gefaßte Person geopfert werden soll. u. f. — Eine fürchterliche Erklärung, die sich Punkt für Punkt durch den Anblick des Ganzen und seiner Theile widerlegt; daher ich keinen Raum verschwenden mag,

Persepolis.

So deutet die Persische Sage diese Mauern; wozu sind sie also errichtet? Waren sie ein Palast oder ein Tempel?

Der Sage nach war es Tacht Dschemschid, die Kupole Dschemschids; und der Denkart Morgenlandes wäre es nicht entgegen, daß sich der König selbst ein solches Monument seines Ruhms hätte errichten wollen. Aegyptens Pharaonen haben ohne so klugen Inhalt stolzere Werke begonnen und von den Monarchen Assyriens, Babels u. s. f. wissen wir ein Gleiches. Die älteste Welt setzte überhaupt ihren Ruhm ins Bauen; und an den Verzierungen dieser Monumente mit einer so ordentlichen Vertheilung ist gewiß ein po-

einzeln zu zeigen, wie oft er die Attribute der Personen mißgedeutet. Durch eine sonderbare Bejauberung sind die meisten Reisebeschreiber und Anführer bei der Tempelidee stehen geblieben; da es doch bekannt ist, daß den Persern dergleichen Tempel und Opfer ganz fremd waren.

litisch = weiserer Geist sichtbar, als bey manchen andern bewunderten Trümmern: denn hier hat Alles National=Zweck; hier ists nicht ohne bleibende Absicht. Das ganze Reich sahe sich an diesen Mauern mit seinem Könige nicht nur vereinigt; sondern auch am schönsten Feste des Jahrs, dem wiederkehrenden Frühlinge durch gegenseitige Geschenke gleichsam neu vermählet. Jeder, der die Treppe hinaufstieg und die Säale durchwanderte, sah an und in ihnen das alte Regulativ des Reiches. Der König selbst erschien darinn als eine heilige und verehrte, aber zugleich als eine Pflichten = ausübende, ehrwürdige Gestalt, als Richter, Vater und Beschützer seines Volkes: denn wahrscheinlich ists eben auch dieser König, der mit den Ungeheuern kämpfet. Ich zweifle also, ob je ein Monarch, der seinem Ruhm opfern wollte, ein so königlich = zweckmäßiges bescheiden = prächtiges Denkmal errichtet habe. Jene stolzen Triumphbogen, jene Statuen mit über=

wundnen Nationen, die dem Sieger zu Füſſen liegen u. dgl. ſind gewiß nicht von dieſer beſcheidenen, edlen Würde. Wir wollen es alſo vor der Hand der dichteriſchen Sage glauben, daß Dſhemſchid in den vielen Jahrhunderten, in denen er oder ſein Geiſt regierte, dies Monument ſeiner Einrichtungen errichtet, nachdem Themuras ſein Vorgänger dazu den Grund gelegt hatte. Wir wollen es ihr glauben, daß in einer ſolchen Familien-Aera alter Patriarchenkönige ein weitläuftiges Reich zu einer ſo ſchönen und allgemeinen Staatsabſicht dies Gebäude mit gemeinſchaftlichen Kräften gebauet habe. b) Der Marmor war an Ort und Stelle; man brauchte alſo weder die Koſten, noch die Mühe einer beſchwerlichen, ver-

Y 5

---

b) Der älteſte Theil der Gebäude iſt auf Niebuhrs Tab. XVIII. mit dem Buchſtaben J angedeutet und deſſen Ruinen Tab. XXVIII. abgebildet. Sie ſind ſehr beſchädiget; die Figur des Königes aber dennoch auf ihnen känntlich. Sodann ſind wahrſcheinlich die Gebäude H. G. und f. gefolget.

zögernden Ueberfahrt; deßwegen eben wurden die Denkmale in diesen Berggegenden errichtet.

Auch unterläßt ja die Sage nicht zu erzählen, daß Dshemschid in den letzten Jahren seines Lebens über das Glück seiner Regierung, über die Pracht seiner Anlagen stolz geworden sei und sich für einen Gott gehalten habe, dem nur die Unsterblichkeit fehle, worüber Er und sein Reich vom Schicksal gestraft seyn u. s. b) Sie erzählt dies mit Zügen, die sie sonst auch von Nimrod, Salomo und andern wiederholet; und bleibt sich also wenigstens treu, die dichtende Sage.

* * *

„Wie aber, wenn diese Monumente von jenen Aegyptischen Künstlern errichtet wären, die Kambyses nach Persien schaffte, da sie, (nach des Grafen Caylus Meinung) so viel Aegyptisches an sich haben?" Zuerst muß ich bekennen, daß

d) Herbelot, art. Giamschid.

ich das eigentlich Aegyptische bei ihnen nicht finde, das der gelehrte und Kunsterfahrne Graf fand. Er sah z. B. in der schwebenden Figur einen Aegyptischen Käfer, der sie doch nicht ist und führte eine Reihe andrer Aehnlichkeiten hinüber, die sich aus ganz andern Gründen, insonderheit aus der innern Analogie der Kunst auf jeder ihrer Stuffen, wo sie diese auch besteige, erklären lassen; h)

h) Caylus Abhandlungen, Meuselscher Ueberf. S. 84. f. (Auch in den Erklärungen seines recueils d' antiquités zieht er die hin und wieder vorkommenden Persischen Amulete so viel er kann nach Aegypten, wo sie dann meistens unerklärlich bleiben. Le Scarabée, volant, (sagt er z. B. Tom. 3. pl. 12.) le Tau ou la clef sont representés avec plusieurs autres symboles *absolument Egyptiens*. Les deux espêces de cerfs, dont un a des ailes et que le gravenr a placés au-dessus et au-dessous d' un *entrelas difficile à concevoir et plus encore à expliquer* sont les seuls objets, que je n' avois point encore remarqués sur les monumens de l' Egypte ou de la Perse etc. Der Scarabée volant ist der Servet des Königs, der im Ganzen aber sind sowohl die Figuren, als ihr Inhalt so wenig Aegyptisch als die Schriftzüge auf diesen Mauern Pharaonenschrift sind.

Ueberdem ists bekannt, daß Kambyses selbst nach Persien nicht zurückgelangte und die Schwierigkeiten, warum dies Denkmal unter den Nachfolgern des Kambyses nicht wohl habe errichtet werden mögen, hat Caylus (aus Nachrichten der Griechen nämlich,) zum Theil gut erörtert. ¹) Nur muß man auch hier die Schwierigkeiten nicht über ihr Maas aufhäufen. Weder die Gräber der Könige, noch die vierzig Säulen, Tschilmenar sind in Einem Jahr gebauet. Wenn also, der Sage nach, der Stifter des Reichs selbst den Grund zu diesem Bau legte, auf den, als auf die

hier wie gewöhnlich auf seinem Perserstuhl sitzt, das entrelas difficile à expliquer ist das Heiligthum der Perser, der Gürtel Testi. Alles ist im bekannten Persercostume.) Anmerk. der zweiten Ausg.

1) Eben das. S. 79. u. f.

eigentliche Perserstadt (Persepolis), als auf den Reichspalast, das Denkmal der Hoheit Persiens, der Blick aller Folgezeiten gerichtet war: so hieße es von der Reihe menschlicher Bestrebungen zu schwach und klein gedacht, wenn nicht auch spätere Beherrscher daran hätten Theil nehmen wollen. Die Sage nennt z. B. die berühmte Königin, Homai, die nicht nur Isthekar erweitert, sondern auch an Tschilmenar gebauet habe. k) Was sie gebauet? wissen wir nicht; der Augenschein giebts, daß diese Denkmale in ihren vielen Gebäuden nicht alle zu Einer Zeit errichtet worden, ja daß sie sogar nicht vollendet zu seyn scheinen. l)

* * *

"Aber waren diese Gebäude wirklich ein Palast oder waren sie Tempel?" a) Mich dünkt,

k) Herbelot, Art. Homai.
l) S. Niebuhrs Beschreibung u. a.
a) "Alles ist problematisch an diesen Ruinen, sagt der

wer die Denkmale mit dem zusammenhält, was man von der alten Religion der Perser weiß, wird keinen Augenblick anstehen, zu sagen, daß sie ein Reichspalast, der Reichspalast Persiens und keine Tempel gewesen. Denn was wäre in denselben Tempelhaftes, so wohl ihrer Bauart, als den Bildern nach, die sie zieren? Der ganze Aufzug, so wie die Verrichtungen des Königes selbst sind nicht Priester= sondern Staats= gebräuche. Ueberdem weiß man, daß die alten Perser keine Tempel liebten, ja daß sie geschworne Feinde der Tempel waren; ihr Gottesdienst war unter dem Himmel, ihre Altäre standen auf freien Bergen. Auf den Grabmahlen der Könige steht der brennende Altar unbedeckt da, über

Graf Caylus? War es eine Vestung? war es ein Tempel?" Er behauptet, daß es ein Sammelplatz mehrerer Tempel gewesen. — Diese Behauptung des Grafen Caylus veranlaßte zunächst meine Abhandlung. Anmerk. der zweiten Ausg.)

welchem die Sonne erscheinet. Die eigentlichen Feuertempel, Pyrden, waren keine Paläste dieser Art, sondern Feuerstäten. a)

Hiemit wird nicht gesagt, daß dies Gebäude nicht heilig, d. i. ein Reichstempel gewesen. Der König der Perser war eine heilige Person, wie hier auch seine Abbildungen zeigen; Er war ein Gott der Erde und sein Palast die hohe Pforte des ganzen Reiches.

* * *

Noch ist ein Knote übrig, an dem man sich oft versucht hat. Ist dies nämlich jenes $\beta\alpha\sigma\iota\lambda\iota\kappa o \nu$, der Königs-Palast zu Persepolis, den Alexander in Brand steckte, da man doch an ihm keine Spuren des Brandes wahrnimmt?

Zuerst ifts merkwürdig, daß die Griechen bei der Zerstörung Persepolis durchaus keines Tem-

a) S. Hyde de relig. vett. Persar. tab. 8.

pels, wohl aber einer vesten Königsburg erwähnen, die Diodor auch kurz beschreibet. p) Wäre es nun wohl glaublich, daß wenn diese Wunder der Welt, dergleichen es in Griechenland nicht gab, vom Königspalast unterschieden und ein Tempel oder eine Tempelsammlung gewesen wären, sie ihrer mit keinem Worte gedacht hätten? da sie doch der Königsburg so auszeichnend gedenken? Den Alexander selbst kränkt es, da er aus Indien zurückkommt, daß er dies Denkmal der Perserherrlichkeit zerstöret; eines Wundertempels dieser Art aber, der in der Nähe von Persepolis gestanden und stehen geblieben, wird nicht erwähnet.

Betrachtet man die Beschreibung Diodors näher, so ist kein Zweifel, daß seine Königsburg mit unserm Tschilmenar viel gemein habe. q) Sie liegt nicht weit von dem Königsberge, in wel-

---

p) Diod. Sic. l. 17. 600. p. 215. edit. Wesseling T. II.
q) Diodor vergl. mit Niebuhr tab. 18.

Perſepolis.

chem Gräber der Könige ſind, worunter wahrſcheinlich nicht die ſogenannten Naſchi-Ruſtem, die entfernter liegen, ſondern der Berg Rachmed verſtanden wird, in welchem wir z. B. das prächtige Grabmahl fanden, das alte Reiſende mit Bewunderung beſchreiben. r) Die Burg wird beſchrieben, als mit einer dreifachen Mauer umgeben, die höher und höher ſteiget. Noch jetzt in Trümmern, von denen weggetragen iſt, was weggetragen werden konnte, thut Niebuhr der Mauern Erwähnung, deren Reſte noch ſtehen; s) und es käme darauf an, daß ein Reiſender mit Diodors Beſchreibung dieſe Trümmer genau zuſammenhielte. a) Die verſchiedne Höhe der Ge-

r) Niebuhr tab. 18. lit. P. S. 150-152.

s) S. 123. u. f.

a) (Der genaueſte Beſchreiber der Trümmern Perſepolis Niebuhr hat dies ſelbſt gethan. Seine Abhandlung wird dieſem Verſuch ſogleich folgen.) Anmk. der zwoten Ausg.

Z

bäude hat Niebuhr gleichfalls sorgfältig bemerket r) und es trift gerade ein, daß das älteste und verfallenste Quadrat, das Diodor als das Innere der Burg anführt, auch am höchsten lieget. Die ehernen Pforten Diodors sind eben so wahrscheinlich, denn in einem Werk dieser Art waren gewiß keine hölzernen Thüren; und Niebuhr bemerkt, daß das ganze Gebäude wahrscheinlich durch drei Pforten habe beschlossen werden können. Freilich ward es dadurch noch keine veste Königsburg; als eine Vestung aber konnte sich Persepolis gegen Alexander nicht halten; er hat sie nicht belagert. Sie war eine Schatzkammer des Königreichs, ein geschlossenes Königshaus, durch seine Lage am Felsen gegen den ersten Anlauf beveftigt.

Es ist also auch wohl kein Zweifel, daß jene Persepolis, die Alexander der Plünderung und

r) S. 124. u. f.

Persepolis.

die Königsburg, die er dem Brande Preis gab, hier gelegen gewesen. Die Fackel, die er trug, war die Losung eines Trunknen, zu verbrennen was brennbar war: denn daß einige Fackeln diese ewigen Marmorfelsen zertrümmern oder in die Asche legen sollten, davon war nicht die Rede. Er gab sein königliches Zeichen und man beschädigte, so weit man kommen konnte. Natürlich traf die Flamme nur das Holzwerk, etwa den Obertheil einiger Gebäude; so wie auch Cyrus Grab, nach Strabo's Beschreibung, u) unten von massiven Steinen, oben von Holz gebauet war. Von alle diesem ist längst nichts übrig; Felsen! und Säulen aber trotzten nicht nur der ohnmächtigen Flamme einiger griechischen Trunkenbolde, sondern haben gewiß noch viel größere Verwüstungen überdauret. Wenn man die Ueberfälle, die Persien Jahrtausende hin von den wilden Völkern des Geburges erlitten und den

---

u) Strabo B. 15.

Haß der Muhamedaner gegen eingegrabne Figuren überdenket: so muß man, aller Verstümmelungen ungeachtet, die ewige Stärke bewundern, mit der dies alte Kunstwerk der Erde der Wuth der Menschen sowohl als den Zerstörungen der Zeit selbst obgesieget. Ein Erdbeben that wahrscheinlich mehr, als mit seinen Bränden der griechische Knabe in einer bacchischen Nacht thun konnte und mochte. Stünde Persepolis noch, wie Alexander sie ließ, wir hätten gewiß mehr als diese bedaurenswerthe Trümmern.

* * *

Gnug für jetzt und ein andermal etwas über die Gräber der Könige, nebst andern asiatischen Denkmalen. Großer und guter Dshemschid, ich habe das Andenken deiner Einrichtungen, eine Fabel der Vorwelt, aus diesen ewigen Tafeln menschlicher Kunst zu erwecken gesucht; glücklich, wenn ichs getroffen hätte und ein andrer auf dem versuchten Wege weiter ge: langte. Noch glücklicher, wenn die schöne Schrift dieser Denkmale entziffert würde: denn diese löse: te ganz das Räthsel.

Nachschrift
der zweiten Auflage.

Hätte diese Muthmaaßung, im Jahr 1787 geschrieben, deren Fortsetzung sogleich mit angekündigt ward, a) auch keinen Erfolg gehabt, als folgenden Aufsatz Niebuhrs veranlasset zu haben: so war sie nicht vergebens geschrieben. Nicht Jedem ist vergönnt nach Persepolis zu reisen, und von einem solchen Reisenden, über Dinge die Er sah, falle kein erläuterndes Wort auf die Erde. Mit Dank und zum Dank aller, die an Sachen der Art Theil nehmen, stehe also sein Aufsatz b) hier:

a) Sie sollte unter der Aufschrift „über die Gräber der Könige, nebst andern Asiatischen Denkmahlen" folgen; veränderte Zeitumstände haben sie verzögert.

b) Deutsches Museum. März 1788.

Perſepolis,

von Niebuhr.

Von einem Reiſenden, welcher prächtige Trümmer des Alterthums auf ihrer Stelle zu ſehen Gelegenheit hat, kan kaum etwas mehr verlangt werden, als deren treue Abbildung und Beſchreibung im gegenwärtigen Zuſtande; ihre nähere Erklärung ſcheint für den Gelehrten zu gehören. So habe auch ich die Trümmer des prächtigen Palaſtes zu Perſepolis geſehen, und einen großen Theil davon abgezeichnet, aber die Bedeutung der vornehmſten an denſelben befindlichen Figuren habe ich erſt aus einer kleinen Schrift gelernt, die unter dem beſcheidenen Titel, Perſepolis, eine Muthmaßung neulich erſchienen, und auch der dritten Samlung der zerſtreuten Blätter eingerückt ist. Da es einem Reisebeschreiber nicht anders als höchst angenehm seyn kan, wenn seine Beobachtungen und Abbildungen von Alterthümern einer aufmerksamen Untersuchung gewürdigt, und dadurch erst recht brauchbar gemacht werden; so folge ich mit Vergnügen dem mir gegebenen Winke mich über einiges, was diese Ruinen betrift, noch näher zu erklären.

Hätte ich zu der Zeit, als ich mich unter den Trümmern dieses Palastes befand, mehrere Kentniß der alten persischen Fabellehre gehabt, so würde ich dem Wunsche zuvor gekommen seyn, und auch die Stellung der schwebenden Figur, welche man daselbst oben vor den Gräbern sieht, genau bemerkt haben; so aber muß ich bekennen, daß ich darauf nicht geachtet habe. Folgendes kan ich indeß bei dieser Gelegenheit nicht unbemerkt lassen. Ein Reisender findet unter diesen Ruinen so sehr viele Arbeit, daß es ihm an Zeit fehlen muß, jede Figur nur mit der Bleifeder ganz aus=

zuzeichnen; wenn also eine Figur oft vorkomt, so bemerkt er sich solches nur durch einige Worte oder Zeichen, um zu einer bequemern Zeit alles vollständig auszeichnen zu können. Auf diese Weise hat wahrscheinlich Chardin seine 67te Tabelle genau nach dem Orginal gezeichnet, bei der 68ten aber nur die Seite bemerkt, an welcher daselbst der König, und an welcher der Feuer-Altar steht, und daß sich oben eine schwebende Figur befinde, ohne die Stellung dieser letztern anzudeuten. Wenn er nun aber seinen Entwurf nicht gleich nachher ausgearbeitet, und seine Zeichnung mit dem Original verglichen hat, (eine Arbeit, welche nicht blos Chardin sondern auch le Bruyn nicht allezeit für nöthig erachtet zu haben scheinen) so mag nach einiger Zeit wol mancher Strich verwischt, ihm auch die Stellung der kleinen Figur ganz aus dem Gedanken gekommen sein und gleichgültig geschienen haben, worauf er ihr dann eben die Stellung wie auf der vorhergehenden Tabelle gegeben hat. Ich bin also der Meinung, man könne Chardins 68te Tabelle in diesem Stücke für fehlerhaft halten, bis ein anderer Zuverläßiger Reisebeschreiber uns davon näher unterrichtet.

Auch ich finde zwischen dem egyptischen Sphinx und dem persischen vierfüßigem Thiere mit einem Menschenkopfe die Aehnlichkeit nicht, welche der Graf Caylus gefunden haben will. Beide sind freilich Fabelthiere, aber der Sphinx ist ein Löwe mit dem Kopf eines Frauenzimmers, und das persische Thier ist aus dem Ochsengeschlechte mit dem Kopf eines bärtigen Mannes, der Sphinx liegend, das persische Thier aber stehend abgebildet. Jede Nazion hatte ihre eigene Religion, und also auch ihre eigene Fabellehre.

Von Diodors Nachrichten (B. II. S. 215 der Wesselingischen Ausgabe) finde ich einiges mit meinen Beobachtungen übereinstimmend, anderes, wovon man jetzt keine Spuren mehr antrift, sehr wahrscheinlich, aber auch einiges offenbar falsch. Das, was dieser Schriftsteller eine feste Burg nennt, kan nichts anders sein, als der Palast, dessen Ueberbleibsel wir noch jezt bewundern. Die Lage der königlichen Gräber in der Nähe nach Osten kan hier als entscheidend angenommen werden. Da nur ein Weg zu diesem Palast führte, der sich verschließen ließ, so konnte er für die Zeit allerdings auch eine feste Burg genannt worden. Was Diodor von ehernen Pforten und ehernen Stangen erzählt, die sich hier auf den Mauern befunden haben, darin ist nichts unwahrscheinliches; es bestätigt vielmehr meine Gedanken von dem Geschmack des Baumeisters. Von prächtigen Wohnungen, wo fremde Könige und Fürsten empfangen werden konnten, sieht man hier noch Ueberbleibsel genug. Aber das, was dieser Verfasser von einer innern Burg sagt, verstehe ich nicht, wofern damit nicht das große Gebäude gemeint seyn soll, welches auf meinem Grundrisse, der 18ten Tabelle des zweiten Bandes der Reisebeschreibung durch L. bemerkt ist; und das, was er von der dreifachen Mauer berichtet, wovon diese Burg umgeben gewesen seyn soll, ist gewiß falsch. Hier ist nur eine Ringmauer, und diese muß man nicht mit einer Stadtmauer vergleichen; denn es ist die Mauer, welche die Hügel unterstüzt, auf welchen die verschiedenen Gebäude des Palastes gestanden haben. Aussenwerke können hier nicht gewesen sein, weil gleich am Fuße der erwähnten Mauer die Ebene anfängt, wo nicht weit von der Südwest-Ecke des Palastes bis diesen Tag noch eine Säule aufrecht steht, andere Trümmer von Gebäuden zerstreut herum liegen, und also zum Beweise dienen, daß auch in dieser Gegend prächtige Gebäude gestanden haben. Dioder lebte lange nachher, als dieser Palast von dem griechischen Helden Alexander, den die Indier den Räuber nennen, in der Trunkenheit zerstört worden war. Er selbst hat die Trümmer desselben wohl nicht gesehen, sondern vielleicht gehört, daß die Mauer um den Palast verschiedene Höhen gehabt habe: und da er sich von der Anlage eines Palastes auf verschiedenen, mit einer einzigen Mauer umzogenen Hügeln keinen Begrif machen konnte, so mag er das erzählte vielleicht so ausgedeutet haben, daß der Palast mit verschiedenen Mauern von verschiedener Höhe umgeben gewesen sei.

Der Umfang der verschiedenen Gebäude dieses Palastes ist auf meinem Grundrisse nach dem ihm beigefügten Maaßstabe zwar richtig angedeutet worden; da aber der Maaßstab nur klein ist, so scheinen die Gebäude auch keinen großen Umfang gehabt zu haben, und dies hat wol zu folgender auf der 62ten Seite befindlichen Anweisung Gelegenheit gegeben. Daselbst nemlich heißt es: „wenn wir die Häuser der Griechen, ja der uns noch nähern alten Römer ansehen, so schütteln wir den Kopf und wolten nicht also wohnen: wie viel mehr müßte man bei einem Palaste

Dsjemschieds den Kopf schütteln, wenn man ihn mit den Palästen unserer Könige vergleichen wollte. — Ich lasse mich auf keine Einwendung ein, die man aus dem Geschmack unserer Zeiten in Absicht auf Bauart, Abtheilung, Aussicht, Dekorazion u. s. f. macht, weil das alles nicht hieher gehört." a) Ich meines Theils glaube, daß einige Gebäude dieses Palastes mit einem solchen Geschmack aufgeführt worden sind, daß noch jezt unsere Baumeister die Ueberbleibsel derselben mit Nußen und Vergnügen werden studiren können. Ich will nochmals versuchen eine kurze Beschreibung davon zu machen.

Der Palast der ehemaligen persischen Könige, oder der Reichspalast der alten Perser, lag vor

a) Diese links ausgedruckte Stelle, die sich auf einige Einwendungen des Grafen Caylus bezog, ist in dieser Ausgabe ganz weggelassen worden. Ich bedaure indeß ein Mißverständniß nicht, das die folgenden schätzbaren Erläuterungen veranlaßt hat. Anmerk. des Verf. der zerstr. Blätter.

dem hohen Gebirge Rachmed, nahe bei der grosßen Stadt Iſtakr, und an der Seite einer überaus fruchtbaren, von dem Araxes durchſtrömten Ebene, welche vier bis ſechs Meilen breit iſt, und ganz von hohen Gebirgen umgeben zu ſein ſcheint. Die verſchiedenen Gebäude deſſelben ſind alle nach Einem Geſchmack aufgeführt geweſen, man findet überall ähnliche Figuren und Inſchriften. Man kan aber darum noch wol nicht annehmen, daß alle dieſe verſchiedene Gebäude in einem Jahrhunderte aufgeführt worden ſind. Die in der ſüdweſtlichen Ecke liegende ſcheinen nach meinem Urtheil die älteſten zu ſeyn, und davon war das durch I. bezeichnete wol das alleraälteſte. Da dieſes alſo wahrſcheinlich dasjenige iſt, welches Dſjemſchied aufgeführt hat, ſo wollen wir die Lage und Bauart deſſelben zuerſt etwas näher unterſuchen.

Dies Gebäude lag auf der Spitze eines Felſens 50 Fuß über der unten liegenden fruchtbaren

Ebene. Dessen ganze Länge war 53 doppelte Schritte, d. i. ohngefähr 150 Fuß; der in der Mitte befindliche Saal war ohngefähr 80 Fuß lang, fast eben so breit, und hatte in 6 Reihen 36 Säulen. An beiden Seiten des Saals befinden sich Nebenzimmer, welche man, so wie das Vorzimmer, bei einer nähern Untersuchung auch gewiß nicht klein finden wird. Das Ganze war also zu einem Wohnhause sehr regelmäßig und bequem eingerichtet. Die Einfassung der Thüren und Fenster, fast alles, was man hier von der äussern Mauer und den Zwischenwänden noch antrift, bestehen freilich aus sehr großen Stücken, dies alles aber hat kein plumpes Ansehen, sondern ist sehr hübsch bearbeitet. Auch in der Grundmauer dieses Gebäudes, von der man noch jetzt deswegen vieles sehen kan, weil es auf dem höchsten Hügel stand, liegen die Steine noch so genau auf und an einander, daß man schwerlich eine bessere Wand von einem italienischen Baumeister finden wird. Der glatte Fußboden in dem 80 Fuß langen und fast eben so breiten Saale dieses Gebäudes ist der Felsen selbst, ein grauer Marmor, welcher eine schöne Politur annimt, und alsdann fast schwarz wird. Der harte Fels ist hier folglich abgetragen; er ist überdies an der Südseite senkrecht abgehauen, so daß er hier bis auf den Theil herunter, welcher erst hernach aufs gefahren ist, eine steile Wand ausmacht. Man findet zwar jezt nicht die geringste Spur von einem zweiten Stockwerk dieses Gebäudes; allein von einem Bauherrn, der, um einer freien und schönen Aussicht zu genießen, für seine Wohnung einen Platz 50 Fuß hoch über einer fruchtbaren Ebene aussuchte, der auf einem Felsen baute, der um sein Gebäude eine so starke Mauer aufführte, daß die Zeit sie nach einigen tausend Jahren noch nicht ganz zerstören können, von einem solchen Bauherrn kan man gewiß erwarten, daß er seinem Lieblingspalaste, dessen Umfang er nach der

Größe der Spize des Felsens, worauf er baute, einrichten mußte, durch Aufsezung eines zweiten Stockwerks noch einmal so viel Plaz zu verschaffen gesucht haben wird.

Es mögen mehrere Jahrhunderte verflossen sein, bevor der Palast so ausgebaut worden ist, als er zu der Zeit war, in welcher Alexander den Anfang zu seiner Zerstörung machte. In der Zwischenzeit aber ist er sehr vergrößert worden. Verschiedene Hügel in einer Länge von 270 doppelten Schritten, etwa 1200 Fuß, und einer Breite von ohngefähr 900 Fuß, sind durch eine starke Mauer von dem schönsten Marmor mit dem Berge Rachmed gleichsam verbunden. Wo der Baumeister fand, daß der Fuß eines Felsens weiter heraus trat, als er nach seinem Plan hervorgehen sollte, da hat er den Felsen senkrecht abgetragen, wodurch dieser dann selbst ein Theil der Ringmauer ward. Man hat die Spizen mehrerer Felsen abgenommen, und auf denselben prächtige Gebäude aufgeführt, aber nicht alle niedrige Stellen auf dem eingeschlossenen Plaze hat man zu einer gleichen Höhe aufgefahren, wie es vielleicht ein europäischer Baumeister gemacht haben würde, sondern nur den Platz zwischen der Ringmauer und den abgetragenen Felsen aufgefüllt. Und dies ist die Ursache, warum die Ringmauer an verschiedenen Stellen eine verschiedene Höhe erhalten hat.

Nun betrachte man die innere Anlage dieses prächtigen Palastes nach den Ueberbleibseln, welche man davon noch 2000 Jahre nach seiner Zerstörung antrift. Zu dem ganzen Hügel, auf welchem die verschiedenen Gebäude desselben lagen, führt nur eine Treppe, aber eine doppelte Treppe und so bequem, daß man noch jezt kaum eine bequemere in einem europäischen Palaste finden wird. Einige der untern Stufen mögen wol durch die Zeit mit Erde bedeckt worden sein. Ihre senkrechte Höhe ist aber noch jezt 33 Fuß;

auf diese Höhe hat sie 104 Stufen, und etwa in der Mitte einen Ruheplaz. Vor jedem der beiden Aufgänge war oben eine große Pforte, und wenn man sich hier umdrehte, so fand man abermal eine Pforte, ehe man zu dem Eingange des Palastes kommen konnte. Die Lage dieser drei Pforten ist auf dem Grundriß durch Punkte angezeigt, indem man hier, in überaus großen Marmorblöcken noch jezt die Löcher sieht, wo die Zapfen gestanden, auf welchen die Thüren sich gedreht haben, wenn sie auf oder zugemacht worden sind.

Auf dem prächtigen Wege von dieser Treppe bis zur Wohnung des Königs sind jezt noch einige Ueberbleibsel des Alterthums vorhanden, die, so wie die eben erwähnte Treppe, der Witterung noch wol einige tausend Jahre werden trozen können, und von Menschen haben sie auch nicht viel zu fürchten, so groß sind die Marmorblöcke, woraus sie zusammengesezt sind. Dies sind die 28 bis 30 Fuß hohen Wände, deren Lage auf dem Grundriß durch A und Æ angedeutet ist. Bei O findet man noch Stücke von eben solchen Wänden, so wie auf dem Wege bis hieher auch noch eine aufrecht stehende Säule, welche mit den erwähnten Wänden ohngefehr eine gleiche Höhe hat, und also einen Beweis zu geben scheint, daß der ganze Weg oben bedeckt gewesen ist. Viele Trümmer liegen hier noch zerstreut herum, und wie viel mag nicht bereits weggetragen sein!

Endlich kam man zu dem Gebäude L, welches ich für die Wohnung des Königs halte. Vor demselben und mit der Vordermauer dieses Gebäudes verbunden, sieht man abermal zwei Wände mit der Abbildung des erdichteten Thiers, welches man nahe bei der Haupttreppe findet. Das Gebäude selbst war zweihundert Fuß lang und eben so breit; es hatte an der Vorder- oder Nordseite 2 Thorwege, und hinten aus, oder nach Süden eben so viele, von denen die Seitenwände noch stehen, und gegen 30 Fuß hoch sind. Weil es in einer etwas niedrigern Gegend liegt, als die meisten der übrigen Gebäude, so hat der Wind an der Vorderseite so viel Staub zusammen geweht, daß die hier befindlichen Alterthümer schon bis an die Fensterbank in der Erde begraben sind; an dieser Seite befinden sich 9 Fensteröfnungen, die so groß sind, daß man sie beim ersten Anblick für Thüren hält, sie sind aber gewiß Fensteröfnungen gewesen, und hinter solchen Fensteröfnungen waren auch die Zimmer wohl nicht klein. Von der innern Abtheilung dieses Gebäudes, ob nämlich etwa in der Mitte ein großer, freier Plaz gewesen sein mag, davon ist jezt nichts mehr zu sehen. Die Trümmer, welche man nicht von hier weggetragen hat, sind mit Erde bedeckt. Daß aber auffen herum lauter Wohnungen gewesen sind, das sieht man aus den davon annoch übrigen Thür= und Fensteröfnungen, welche leztere aber an der Ost= Süd= und Westseite nicht so gros sind, als die an der Vorderseite, weil die Sonne von diesen Seiten in die Zimmer dringen konnte. In diesem 200 Fuß langen und breitem Gebäude, muß also für eine königliche Familie schon viel Platz gewesen sein, und wer mögte wol behaupten, daß solches nur ein Stockwerk gehabt habe? Die Perser müssen schon damals längst gewohnt gewesen sein, hoch in die Luft und auch mit Holz zu bauen, und von einem Baumeister, der eine solche Anlage zu machen wußte, wie man hier findet, kan man wol nicht erwarten, daß er hinter einer so schönen Treppe und einem 30 Fuß hohen und prächtigem Gange nur ein Gebäude von einem Stockwerk aufgeführt habe, dessen Haupteingänge eben so hoch waren, als das Gebäude selbst.

Von den übrigen Gebäuden, worunter das bei M auch besonders sehr prächtig gewesen sein muß, will ich nichts erwähnen, sondern nur noch einiges von den Kolonnaden B C D E bemerken.

Hier ist weder von den äussern noch den Zwischenwänden das Geringste mehr übrig, alles dies ist weggetragen, und zu Istakr, Schiras und in andern Städten zu neuen Gebäuden gebraucht, die auch schon längst wieder zu Grunde gegangen sind. Aber die Anlage dieser Säulengänge zeigt meines Bedünkens ganz deutlich, daß sie durch Zwischenwände von einander abgesondert gewesen sind. Und dann war B ein Vorsaal oder Vorgebäude etwa 150 Fuß lang mit zwei Reihen hoher Säulen. Vor demselben waren 4 prächtige Treppen, an den Seiten ganz mit halb erhabnen Figuren sehr schön in Stein ausgehauen bedeckt. Von diesem Vorsaale führten zwei Gänge c. c. in den Hauptsaal, welcher 180 Fuß lang und eben so breit war, und in 6 Reihen 36 wol proportionirte, 48 bis 50 Fuß hohe Säulen hatte. An den beiden Seiten nach Osten und Westen waren andere Säle D und E eben so lang, aber nur mit 2 Reihen oder 12 Säulen; vor dem bei E war noch wol ein Altan über der Hauptmauer, welche hier 40 Fuß hoch ist: und wenn auf dieser Mauer eherne Stangen gestanden haben, wie Diodor berichtet, so hatte man selbst in den Saal E, welcher nach dieser Seite vielleicht auch ganz offen gewesen ist, eine freie und schöne Aussicht über die fruchtbare Ebene. Diejenigen, welche daraus, daß man hier keine Spuren von einer obern Decke mehr antrift, den Schluß haben machen wollen, daß diese Kolonnaden gar nicht bedeckt gewesen sind, scheinen es nicht bemerkt zu haben, daß alle diese Säulen nur so weit von einander und von den Zwischenwänden gestanden haben, daß Balken von ohngefähr 30 Fuß Länge von einer Säule zur andern oder zu einer Zwischenwand haben reichen können; sie scheinen auch nicht bemerkt zu haben, daß man unter diesen Trümmern noch jezt Säulen antrift, auf welchen, statt des Capitäls, der doppelte Vordertheil des erdichteten Einhorns liegt, daß eben der doppelte

Vordertheil dieses Thiers auf den Säulen vor den prächtigen Gräbern einen Balken trägt, und daß man ihn also auch zu eben diesem Gebrauche auf diese Säulen gelegt haben werde. Ich meines Theils glaube, daß alle diese Kolonnaden nicht nur bedeckt gewesen sind, sondern daß wenigstens der Hauptsaal C noch ein Stockwerk gehabt habe. Daß man davon jetzt keine Trümmer mehr antrift, kann dagegen nichts beweisen; denn der Baumeister brauchte natürlicher Weise zu dem obern Stockwerke keine so große Baumaterialien, als zu dem untern, und jene sind also wol die erstern gewesen die man weggeschlept hat. Selbst die Bemerkung, daß hier von der großen Menge Säulen nur so wenige mehr aufrecht stehen, scheint mir ein Beweis zu sein, daß eine große Last darauf gelegen haben müsse, welche denn wol, als sie herunter stürzte, auf einmal viele Säulen umgeworfen haben mag. Ein Baumeister, der hier alle Hügel so gut zu nutzen wußte, der nicht mehr so plump, und ganz von grossen Steinmaßen baute, wie die Egypter, sondern auch den Gebrauch des Holzes in der Baukunst kannte, und seinen Säulen ein so gutes Verhältniß gab; ein Bauherr, der auf Hügeln wohnen wolte, um der frischen Luft und einer freien Aussicht zu genießen, wird auch solche herliche Kolonnaden nicht ungenuzt gelassen haben. Wenn aber auch nur über C ein zweites Stockwerk, und über B. D. E. mit ehernen Stangen oder mit Gitterwerk umgebene Terrassen gewesen sind, welche herliche Aussicht hatte man dann nicht besonders von der Terrasse E 90 Fuß über den Horizont nach Istakr und über die ganze fruchbare Ebene! Daß der Berg Rachmed hinter dem Palaste zu der Zeit auch nicht so wüste gelegen habe als jezt, das kann man sich leicht vorstellen.

Wenn also Diodor von prächtigen Wohnungen in diesem Palaste redet, wo fremde Könige und Fürsten aufgenommen wurden, und man annimmt, daß selbige bei B. C. D. E. gelegen haben, so mögte ich fragen, welcher Monarch in der ganzen Welt jemals fremden Königen und Fürsten an seinem Hofe eine so prächtige Wohnung habe anweisen können? Da keiner meiner Vorgänger einen Grundriß von der Lage und Größe der verschiedenen Gebäude dieses Palastes entworfen hat, so ist es auch nicht wol möglich, sich davon nach ihren Beschreibungen und perspektivischen Zeichnungen einen deutlichen Begrif zu machen. Nun aber lese man Kämpfers, Chardins und le Bruyns Beschreibungen dieser Ruinen noch einmal, mit meinem Grundrisse zur Seite, und man wird finden, daß ich nichts übertreibe. Unsere Meinungen darüber sind freilich verschieden, auch hat der eine diesen, der andere jenen Theil des Palastes umständlicher beschrieben und abgebildet. Die Beschreibungen der Trümmer aber müssen sich nicht widersprechen, und wenn man solches dennoch in diesem oder jenem Punkte finden solte, so ist es nunmehr leicht, es ausfindig zu machen, welcher Reisebeschreiber in diesem Punkte nicht die gehörige Aufmerksamkeit angewandt hat.

Die Verzierungen dieses alten persischen Pallastes waren von denen, die man in den europäischen Palästen antrift, freilich ganz verschieden, aber darum wol nicht weniger prächtig und kostbar. Die Reisebeschreiber haben bereits eine Menge Figuren abgebildet, welche man hier an den Treppen und an den Seitenwänden der Thür- und Fensteröfnungen antrift; fast alle diese Figuren haben zwar eine steife Stellung, das Verhältniß der Glieder gegen einander ist aber ziemlich gut, und alles ist so scharf in den harten Marmor gehauen, als nur jezt ein Bildhauer seine Arbeit vollenden kann. *) Die polirten Marmorwände und Säu-

*) Daß die alten Perser auch schon das Räderfuhrwerk gekannt haben, davon sieht man den Beweis auf der

...len bedurften eigentlich keiner Verzierungen; wer weiß aber, ob man nicht auch an den Wänden allerhand Bildhauerarbeit angebracht, oder selbige mit gemalten Geschichten behangen hat? Man findet noch unter den jezigen Persern, welche Mohammedaner sind, Porträtmaler, die man freilich nicht mit den unsrigen vergleichen kan, welche aber in diesem Lande vielleicht nicht mehr angetroffen werden würden, wenn nicht schon die alten Perser Liebhaber der Malerei gewesen wären. Die persischen Teppiche sind jezt auch bei Auswärtgen berühmt, vielleicht ist die Kunst sie

---

22sten Tabelle des 2ten Bandes meiner Reisebeschreibung. Das daselbst abgebildete Rad hat hübsche Speichen, und ist beschlagen, wie unsere Wagenräder. Es scheint aber, daß die Räder sich nicht um die Asche gedreht haben, sondern daß die Asche in den beiden gegenüber stehenden Rädern befestiget gewesen ist, und sich mit denselben umgedreht habe, wie bei den Wagen in Natolien, an welchen leztern aber die Räder noch so plump sind, als wenn dies Fuhrwerk erst ganz neu erfunden wäre.

zu verfertigen in Persien schon sehr alt, und so kann man wol nicht daran zweifeln, daß schon Dssemschid den Fußboden in seinem Palaste mit kostbaren Teppichen belegt habe. Die Decke über den verschiedenen Zimmern und großen Sälen dieses Palastes ist wol gewiß von Holz gewesen; weil aber davon schon längst nichts mehr vorhanden ist, so ist es auch schwer zu bestimmen, wie hier die Balken über den Säulen miteinander verbunden waren, uud wie alles dies verziert gewesen sein mag.

Nun vergleiche man den so hochgerühmten Labyrinth oder einen der prächtigsten Tempel der Egypter mit diesem Palast, und man wird finden, daß die Egypter noch die Bauart in einem Felsen nachahmten, als schon Dssemschied seine Wohnung oben auf einen Hügel sezte, und darin große und prächtige Zimmer einrichten ließ. In Vergleichung der egyptischen Säulen mit denen, welche man hier antrift, wird man jene niedrig und plump finden, wenn die zu Persepolis ein so schönes Verhältniß haben, daß man auf den Gedanken kommen mögte, daß die Griechen die schöne Proportion ihrer Säulen von den Persern gelernt haben. Man findet an den Trümmern dieses Palastes überhaupt so viele Beweise von dem Geschmack der alten Perser in der Baukunst, daß man sich nicht lange bedenken darf, schon den Djjemschied für einen weit größern Baumeister zu erklären, als die Egypter es jemals geworden sind.

Herder ist unter den deutschen Gelehrten der erste, welcher die übrigen auf die Ruinen von Persepolis aufmerksam gemacht hat, er hat auch in der Erklärung der daselbst befindlichen Figuren bereits viel geleistet; und macht Hofnung uns durch Hülfe dieser Ruinen noch näher mit den alten Persern bekant zu machen. Mögte es ihm

Persepolis.

gefallen, uns auch Erläuterungen über die Sprache der alten Perser zu geben. Ich habe von den an den Trümmern des Palastes zu Persepolis befindlichen Inschriften sehr viele kopiirt, aber nicht alles ist von gleicher Wichtigkeit. Aus den neupersischen, den arabischen und kufischen Inschriften z. B. werden wir nichts Wichtiges lernen können; die sind von Mohammedanern. Aber das auf der 20ten Tabelle befindliche Siegel kann dem Sprachforscher vielleicht nüzlich sey; denn das darin befindliche Thier ist gewiß ein Fabelthier der Perser, und also die Schrift um dasselbe gleichfals persisch. Ich habe dies Siegel beedes so gezeichnet wie es in den Stein geschnitten ist, und wie es in Siegellack abgedruckt aussieht. Ob die wenigen Linien, die sich unten auf der 27ten Tabelle befinden, gleichfals persisch, und von einigem Werthe sind, das kann ich nicht bestimmen. Sie sind nur schlecht eingehauen. Die 34te Tabelle aber halte ich für wichtig, weil ich

B b

unter den darauf befindlichen Schriftzügen einige pelvische gefunden zu haben glaube. Schade, daß dies etwa nur der sechste Theil der ganzen Inschrift ist, und zwar nur eine Ecke derselben, es ist also keine einzige Linie vollständig, das übrige ist durch die Zeit schon ganz unkennbar geworden. Von der schönen keilförmigen Schrift, welche man auch in den ältesten Gebäuden des Pallastes antrift, und die gewiß so alt ist als die Gebäude selbst, findet man fast beständig drei Inschriften von drei verschiedenen Alphabeten neben einander, und zuweilen dieselben Inschriften an zween Thürpfosten gegen einander über. Die verschiedenen Buchstaben des einen Alphabets habe ich auf der 23ten Tabelle zusammen getragen. Da ich gleich bei dem ersten Versuche fand, daß es so äußerst schwer ist, diese uns gänzlich unbekannte Schriftzüge so zu kopiiren, daß sich jeder Buchstaben deutlich von dem andern unterscheiden könne, so setzte ich hinter jeden Buchstaben einen Punkt, und ich denke man werde mir wegen dieses Zusazes keinen Vorwurf machen. Die Schriftforscher würden mir vielmehr auch noch wol danken, wenn ich eben so jedes Wort durch ein Zeichen von dem andern unterschieden hätte; aber dies war nicht möglich. Alle Buchstaben stehen gleich weit von einander. Ich entdeckte indeß zufällig, daß diese Inschriften, so wie die europäischen, von der linken zur rechten gelesen werden müssen. (Reisebeschr. 2ter B. S. 143).

Es ist wol wenig Hofnung, daß diese uralten Inschriften jemals werden erklärt werden können. Chardin sagt zwar (Voyages Vol. II. p. 181) daß sich in der königl. Bibliothek zu Isfahan 26 Bücher befinden, welche Schach Abbas den Parsis oder sogenanten Feueranbetern abgezwungen hat, und daß selbige mit alten persischen Schriftzügen geschrieben sind. Er bemerkt aber nicht, daß er sie selbst gesehen hat. Wenn man also mich alle diese 26 Bücher nach Europa bringen köynte, so dürfte man auch dadurch wol wenige Hülfe zur Erklärung der ältesten Inschriften, die sich an diesen Trümmern finden, erhalten. Indeß schmeichle ich mir, daß bei meinen Abschriften die größte Sorgfalt angewandt worden ist, sie können dem Philosophen zu vielen Betrachtungen Anlaß geben, und wenn die Gelehrten meine Arbeit auch nur blos in dieser Hinsicht nicht unnüz finden, so werde ich meine daran gewandte nicht geringe Mühe reichlich belohnt halten.